鉄道未来年表

5年後 10年後 20年後

鎌倉 淳

河出書房新社

カバーデザイン●スタジオ・ファム
カバー写真●buritora／PIXTA
地図版作成●原田弘和

はじめに

人口減少時代に入り、日本の鉄道は新たな局面を迎えつつある。大都市の鉄道では輸送力増強の必要性が減り、乗りやすさや使いやすさの向上が重視されるようになってきた。郊外や地方都市の路線では、利用者減少を食いとめつつ、路線を健全に維持することが課題である。外国人観光客や高齢者が増えたことで、あらゆる人が使いやすいユニバーサルデザインの必要性も高まっている。

鉄道新線計画で増えているのは、空港や新幹線駅へのアクセスを改善する路線だ。整備新幹線は全線着手が視野に入る段階になり、基本計画路線の建設へ向けた動きが活発になってきた。

本書は、こうした鉄道を取り巻く新たな社会情勢に基づいて、新線や新駅、新車両、ローカル線の再構築などについて、現在決まっていることや将来の見通しを紹介するものだ。

「鉄道の未来」というテーマは大きいが、紙幅《しふく》には限りがある。そのため、実現可能性のある鉄道新線計画を中心に取り上げ、利用者の関心が高い内容に絞って記載した。開業予定などは基本的に公式情報に基づいている。ただし、時期が明確にされていない場合や、実現性に疑問がある場合は、筆者による予想を記したものもある。また、開業していない区間の路線名や駅名はすべて仮称であるが、本文内で「仮称」の記述は省略している。西暦は２０２４年なら「24年」と表記した。

本書は24年8月までの情報に基づいている。鉄道新線などのプロジェクトは、計画が年単位で遅れるのは日常茶飯事《さはんじ》で、最終的に実現しないことも多い。本書で紹介した「未来」が必ずしも計画どおりに訪れるとは限らないので、ご留意とご理解をお願いする。

著者

鉄道未来年表 5年後・10年後・20年後／目次

2章 東京圏の鉄道の未来

3章

大阪圏の鉄道の未来

4章 新幹線と並行在来線の未来

5章
地方鉄道の未来

6章

車両ときっぷの未来

序章

鉄道未来年表2025~2050

●2025年から2030年の鉄道未来年表●

2025年

大阪メトロ中央線、コスモスクエア—夢洲間開業（25年1月）
広島電鉄駅前大橋ルート、広島駅—比治山下間開業（25年春）
JR日豊線、竜ヶ水駅—鹿児島駅間に「仙巌園駅」開業（25年3月）
JR越後線、新潟—白山間に「上所駅」開業（24年度末）
JR東海「ドクターイエロー」引退（25年1月）
JR東日本、中央線快速グリーン車営業開始（24年度末以降）
JR北海道、JR西日本が運賃改定（25年4月）
JR東日本、JR西日本、JR北海道がグランクラス（飲料・軽食あり）の料金を改定（25年4月）
北陸鉄道が「みなし上下分離」に（25年4月）
東武鉄道、アーバンパークラインで80000系の運行を開始（25年春）
京成電鉄、3200形の営業運転開始（25年冬）
りんかい線、71-000形運行開始（25年度下期）
京阪電鉄、プレミアムカー増結（25年秋）
伊予鉄道、7000系の運行開始（25年2月）
首都圏のJR主要各線でワンマン化実施（25年度-30年度頃）
東京メトロ、丸ノ内線で自動運転の実証運転開始（25年度から）

※時期は、公表された予定または筆者による予想

2026年	JR留萌線、深川—石狩沼田間廃止（26年3月末） JR山陽線、姫路—英賀保間に新駅開業（26年春） ハピラインふくい、武生—王子保間に「しきぶ駅」開業（26年3月） JR東海、385系走行試験開始（26年度） 京王電鉄、2000系の営業運転開始（26年初頭） 高松琴平電鉄、新型車両運転開始（26年度下期） 首都圏鉄道各社、磁気乗車券をQRチケットに置き換え（26年度以降） 「北海道新幹線札幌延伸に伴う鉄道物流のあり方に関する有識者検討会議」結論（26年3月）
2027年	山形新幹線、福島駅アプローチ線供用開始（26年度末） 京浜急行、品川駅を地平化（27年） 高松琴平電鉄、栗林公園—三条間、太田—仏生山間で複線化。太田—仏生山間、新駅開業（26年度末） 岡山電気軌道、岡山駅前広場へ乗り入れ（26年度末） JR信越線、北高崎—群馬八幡間に「豊岡新駅」開業（26年度） JR豊肥線、三里木—原水間に新駅開業（27年春） JR鹿児島線、千早—箱崎間に新駅開業（27年） 東海道新幹線に個室グリーン車導入（26年度内） 山陽新幹線500系が引退（27年頃）

	JR西日本「ドクターイエロー」引退（27年以降） JR四国、ハイブリッド一般車両量産車運行開始（27年度） 西武鉄道、新宿線で有料着席サービスを刷新（26年度） 筑豊電鉄、新型車両導入（26年度） JR東日本、「えきねっとQチケ」のエリアを同社全域に拡大（26年度末） JR北海道、赤字8線区の抜本的な改善策をとりまとめ（26年度末）
2028年	大阪メトロ、中央線森之宮検車場線の旅客化営業開始（28年4月） JR千歳線、上野幌―北広島間に「ボールパーク新駅」開業（28年夏） 北陸鉄道で新型車両導入（28年以降） JR東日本、山手線でATO（自動列車運転装置）導入（28年頃） JR東海、東海道新幹線でレベル2の自動運転開始（28年）
2029年	東葉高速線、東海神―飯山満間に新駅開業（28年度末） JR大和路線、奈良―郡山間に新駅開業（28年度） JR東海、385系「しなの」運行開始（29年度） 東京駅南部東西自由通路開通（29年頃） JR西日本の城端線・氷見線で新型車両導入が完了し、あいの風とやま鉄道に移管（24年から、おおむね5年後）

	上越新幹線、新潟駅—新潟新幹線車両センター間の回送列車でドライバレス運転（レベル4）（20年代末）
2030年	ひたちなか海浜鉄道、阿字ヶ浦—国営ひたち海浜公園南口間開業（30年春） 熊本市電東町線、健軍町—秋津新町間開業（29年度） 東京モノレール、浜松町駅新駅舎開業（29年度） 京急羽田空港駅引上線が完成（30年頃） 京阪電鉄、磁気乗車券をQRチケットに置き換え（29年度まで） 答申198号（東京圏における今後の都市鉄道のあり方について）目標期限
時期未定または継続	品川駅東西自由通路の国道側延伸 西武新宿駅と新宿駅を結ぶ地下通路開通 伊予鉄道松山市内線、JR松山駅の高架下まで延伸 サンライズエクスプレス車両更新 JR北海道721系置き換え 智頭急行HOT7000系置き換え キハ40系が各地で引退 JR東日本、「新しいSuica」を拡充 鉄道各社がタッチ決済、QRチケットの取り扱い拡充

2025年〜2030年の鉄道に何が起きるのか?

まずは、25年から30年にかけて、日本の鉄道で何が起こるかを見てみよう。

25年には、大阪市で万国博覧会(大阪・関西万博)が開かれる。それに先だって、大阪メトロ中央線が夢洲《ゆめしま》駅まで延伸する。大阪メトロ中央線は、森之宮《もりのみや》検車場線の旅客化も進めていて、28年春に開業する予定だ。

東海道・山陽新幹線では、現行のN700Sが28年度まで増備されることが決まっている。追加投入する車両を中心にグリーン個室を導入し、26年度から営業を開始する。入れ替わるように山陽新幹線の500系で廃車が進み、27年には全面引退する。ドクターイエローも、JR東海所有の車両が25年1月に、JR西日本所有の車両が27年頃に、それぞれ姿を消す。

27年春には、山形新幹線上り線の福島駅アプローチ線が開業する。東北新幹線と山形新幹線の平面交差が解消され、増発が可能になり、遅延抑止にも役立つ。山形新幹線では新型車両E8系の増備が進む。置き換わるE3系は姿を消していく。運行終了時期は明示されていないが、福島駅アプローチ線開業はひとつのタイミングになるかもしれない。東北新幹線E2系も、近い時期に引退を迎えそうだ。

京浜急行電鉄品川駅は、27年頃に現在の2面3線の高架駅をJR線と同じ平面に移し、2面4線に拡張する。京急は羽田空港駅の引上《ひきあげ》線整備も進めていて、30年に完成する。いずれも完成すれば、列車の増発が可能になり、ダイヤの柔軟性が増す。

25年春には、広島電鉄駅前大橋線が開業予定だ。27年春には、岡山電気軌道が岡山駅前広場への乗り入れを果たす。熊本市電は東町《ひがしまち》線の建設事業を進めていて、29年度に、まず健軍町《けんぐんまち》―秋津新町間が開業する見通しだ。時期は未定だが、伊予鉄道松山市内線がＪＲ松山駅の高架下を抜けて西方向へ延伸する予定もある。

25年4月には、石川県の北陸鉄道が「みなし上下分離」に移行し、自治体の支援を受ける。28年以降には新車導入も予定している。

29年春には、富山県の城端《じょうはな》線と氷見《ひみ》線がＪＲ西日本から分離され、あいの風とやま鉄道に移管となる。移管に先立ち新型車両が導入され、増発もおこなわれる見通しだ。

30年春には、ひたちなか海浜鉄道が国営ひたち海浜公園南口まで延伸する。地方鉄道としては珍しい延伸開業として話題になるだろう。

利用者の少ないローカル線では、あり方をめぐる議論が盛んになっていく。鉄道事業の「再構築」制度が拡充されたこともあり、収支の厳しい路線で上下分離やバス転換が進むだろう。芸備《げいび》線備中《びっちゅう》神代《こうじろ》―備後庄原間で始まっている再構築協議は、27年頃をメドに方向性が決まりそうだ。

ＪＲ北海道の留萌《るもい》線は、26年3月末での廃止が決まっている。そのほかＪＲ北海道は、単独で維持困難な赤字8区間について、線区ごとの抜本《ばっぽん》的な改善策を26年度までにとりまとめる予定だ。Ｊ

R北海道でこれ以上の路線廃止は予定されていないが、路線維持のための費用負担をめぐって自治体と議論になるだろう。

新型車両では、JR東海の385系が注目である。特急「しなの」で使用する次世代振子《ふりこ》制御技術を導入した電車で、26年度から走行試験を開始し、29年度からの営業運転開始を目指している。入れ替わりに現行の383系特急型電車は姿を消していく。

寝台特急「サンライズ出雲・瀬戸」に使われている285系寝台特急電車も更新の時期を迎える。98年に投入されたので、車両寿命を30年と考えれば、更新時期は28年頃だ。新型車両を投入しないなら、運行終了の可能性もある。運行を継続するなら新型車両が発表される。いずれにしろ、「サンライズ出雲・瀬戸」をめぐって、大きなブームが起こりそうだ。

特急「スーパーはくと」に使われている智頭《ちず》急行HOT7000系特急型気動車も20年代後半に置き換えられる予定。智頭急行ではハイブリッドの新型車両の導入を目指している。

JRの通勤電車では、25年3月以降に中央線でグリーン車のサービスが開始される。JR北海道は、721系近郊型電車を置き換える車両を投入予定だ。

非電化区間では、キハ40系国鉄形気動車がいよいよ最終章に入る。JR北海道は、観光用車両を除き25年3月までに運用を終了する。JR四国も、後継となるハイブリッド式車両の導入を決めていて、25年12月に量産先行車、27年度に量産車を投入する。JR西日本やJR九州でも置き換えが進むと見られ、キハ40系は全国で第一線を退《しりぞ》きそうだ。

非電化区間に投入される新型車両は、電気式気動車やハイブリッド車両、蓄電池車両が主体となっている。これまで主役だった液体式気動車は、今後、数を減らしていきそうである。30年度には、JR東日本が水素式燃料電池駆動電車を営業運転に投入する計画だ。

私鉄では、京阪電鉄が25年秋からプレミアムカーを1両から2両に増結。西武鉄道新宿線では10000系レッドアローが更新時期を迎え、新たな有料着席サービスを展開する予定だ。

近畿日本鉄道では、夢洲IR（統合型リゾート）の開業に備え、複数集電方式車両を用いた特急の運行を検討している。IRが30年秋に予定どおり開業したら、同時期に近鉄特急が夢洲駅乗り入れを果たすかもしれない。

通勤電車では東武鉄道アーバンパークライン（野田線）の80000系が25年春に登場する。同線は6両編成から5両編成に減らす予定で、80000系も5両編成だ。京成電鉄は3200形を25年冬に投入する。2両単位でフレキシブルに編成車両数を変更できるのが特徴である。どちらも人口減を見据《みす》え将来的な需要減に備えているように見える。

りんかい線71-000形は25年度下期に運行開始。京王電鉄では26年初めから2000系の投入を開始する。こうした新しい通勤型車両は、ホームとの段差解消や、車内フリースペースを拡大するなど、バリアフリーへの配慮が強化されている。

地方鉄道では、伊予鉄道と高松琴平電鉄、筑豊《ちくほう》電気鉄道がそれぞれ新型車両を導入する予定を明らかにしている。地方鉄道は、これまで大手私鉄の中古車両を譲受《じょうじゅ》することが多かったが、使い勝手のいい中古が少なくなっていることもあり、新車を投入するケースが増えている。

自動運転への準備も加速してきた。すでに大手鉄道各社が実験に着手しているが、25年度には、東京メトロが丸ノ内線で自動運転の実証運転をおこなう。ＪＲ東日本は、28年度に山手線でＡＴＯ（自動列車運転装置）の導入を開始。先立つかたちで、25年以降、首都圏のＪＲ主要各線を順次ワンマン化する。ＪＲ東海は、28年以降、東海道新幹線でレベル２の自動運転を実施する計画だ。

きっぷの売り方も変わってきている。鉄道各社は駅窓口を縮小する一方、オンライン販売を拡大している。なかでも力を入れているのがチケットレス乗車だ。チケットレス乗車は、これまで交通系ＩＣカードが主流だったが、ＱＲチケットやタッチ決済が急拡大していく。

改札口も変わる。ＪＲ東日本は交通系ＩＣカードの改札機を更新し、クラウド型に移行する。これにより、将来的にはＩＣカードのエリアまたぎも可能になる見通しだ。顔認証などタッチレスの改札口も増えていく。

一方、磁気乗車券は縮小が進む。首都圏鉄道８社は、26年度以降、磁気乗車券をＱＲチケットに置き換える方針を明らかにした。関西では京阪電鉄も29年度までのＱＲ化を打ち出しており、近距離区間の非ＩＣ利用は、紙のきっぷに印刷したＱＲチケットが担《にな》うことになりそうだ。

運賃改定の動きもある。25年４月に、ＪＲ北海道とＪＲ西日本、ＪＲ九州が運賃改定を実施する方針で、ＪＲ東日本も26年春の改定を検討中だ。25年４月には、ＪＲ東日本などがグランクラス（飲料・軽食あり）の料金を値上げする。物価が落ち着かない限り、運賃や料金の改定は今後も続くだろう。注目は、ＪＲの「基本運賃」とでもいうべき、本州３社の幹線運賃が変更されるか、という点である。

整備新幹線は、北海道新幹線の札幌延伸工事が続いているが、開業は30年代半《なか》ば以降になりそうだ。新幹線開業後、新函館北斗―小樽間で旅客輸送が廃止される見通しだが、貨物輸送が必要な区間をどう存続させるかは協議中。26年までに結論がまとまる予定である。

30年は、首都圏の鉄道プロジェクトを検討した交通政策審議会答申第１９８号（東京圏における今後の都市鉄道のあり方について）の目標期限である。期限を迎えることで、東京圏の鉄道について新たな答申が出されそうだ。どんな新線計画が盛り込まれるかが注目となる。

鉄道新駅の構想は各地にある。25年春には、ＪＲ越後線新潟―白山間の「上所《かみところ》駅」、ＪＲ日豊《にっぽう》線竜《りゅう》ケ水《がみず》―鹿児島間の「仙巌園《せんがんえん》駅」が開業する。

26年春には、ＪＲ山陽線姫路―英賀保《あがほ》間に新駅が開業する。手柄山中央公園に隣接する位置だ。同じ時期に、ハピラインふくい武生《たけふ》―王子保《おうしお》間の「しきぶ駅」も開業予定。ハピラインふくいでは、福井―森田間と武生―鯖江《さばえ》間にも新駅計画があるが、時期は未定である。

27年には、ＪＲ信越線北高崎―群馬八幡《やわた》間の「豊岡新駅」や、ＪＲ鹿児島線千早《ちはや》―箱崎間の新駅が開業する。千早―箱崎間の新駅は、福岡市営地下鉄箱崎線・西日本鉄道貝塚線貝塚駅の東側に設けられ、両駅と跨線橋《こせんきょう》などで連絡する。ＪＲ豊肥《ほうひ》線の三里木《さんりぎ》―原水《はらみず》間の新駅も同時期に開業予定である。

高松琴平電鉄は、太田—仏生山《ぶつしょうざん》間に新駅設置計画がある。同線は栗林《りつりん》公園—三条間と太田—仏生山間で複線化工事をしており、あわせて26年度末までに開業しそうだ。

28年夏には、ＪＲ千歳線の上野幌《かみのっぽろ》—北広島間に「ボールパーク新駅」が開業する。29年春には、ＪＲ大和路線奈良—郡山間の新駅と東葉高速線東海神《ひがしかいじん》—飯山満《はさま》間新駅が開業予定である。

駅のリニューアル計画は各地にある。規模の大きなプロジェクトでは、東京駅の改札外の南部東西自由通路が29年頃に暫定《ざんてい》供用を開始し、31年度冬に全体整備が完了する。

品川駅では京急ホームの地平化後、東西自由通路を延伸し、国道15号の上空デッキに接続する。西武新宿駅からメトロ・ＪＲ新宿駅方面につながる地下通路も建設が進められる予定だ。東京モノレール浜松町駅の新駅舎も29年度に開業する。

この時代に急増するのはインバウンド（訪日外国人旅行）だ。政府は30年の訪日外国人旅行者を６０００万人にする目標を掲《かか》げている。23年が約２３００万人だったので、２・６倍である。目標が達成された場合、日本の鉄道は、いま以上に外国人観光客で賑《にぎ》わうことだろう。

一方、日本の人口減少は進む。20年に１億２６００万人だった総人口は、30年に１億２０００万人となり、５％減る。生産年齢人口は、20年の７５００万人が30年に７０００万人になり、６％の減少である。

●2031年から2040年の鉄道未来年表●

2031年	JR・南海なにわ筋線、大阪―JR難波、南海新今宮間開業（31年春） JR・南海、関西空港新型特急が運行開始（31年春） JR東日本が水素式燃料電池駆動電車を営業投入（30年度） 東京駅南部東西自由通路が全面完成（31年度冬）
2032年	JR羽田空港アクセス線、東山手ルート田町―羽田空港間、同臨海部ルート東京テレポート―羽田空港間開業（31年度内） 熊本市電東町線、秋津新町―市民病院間開業（31年度） JR東海道線、大船―藤沢間に「村岡新駅」開業（32年頃） 阪急神戸線、武庫之荘―西宮北口間に「武庫川新駅」開業（32年までに）
2033年	石狩市都市型ロープウェイ開業（32年度目標）
2034年	小田急電鉄、伊勢原―鶴巻温泉間に新総合車両所開設。新駅も設置（33年度） 大阪モノレール、門真市―瓜生堂間開業（33年度） 近鉄大阪線、八戸ノ里―若江岩田間に「瓜生堂駅」開業（33年度） JR肥薩線、八代―人吉間、復旧（33年度）

※時期は、公表された予定または筆者による予想

2035年	熊本空港アクセス鉄道、肥後大津―阿蘇くまもと空港間開業（34年度）
2036年	アストラムライン西風新都線、広域公園前―西広島間開業（36年頃）
2037年	上野東京ライン、川口駅停車（37年以降）
2040年	都心部・臨海地域地下鉄、東京―有明・東京ビッグサイト間開業（40年頃） つくばエクスプレス、秋葉原―東京間開業（臨海地下鉄と同時なら）
時期未定	宇都宮ライトライン、宇都宮駅前―教育会館前開業（30年代前半） つくばエクスプレス、8両化（30年代前半） 東京メトロ南北線、白金高輪―品川間開業（30年代半ば） 東京メトロ有楽町線、豊洲―住吉間開業（30年代半ば） 多摩モノレール、上北台―箱根ヶ崎間開業（30年代半ば） 上越新幹線でレベル3のドライバレス運転開始（30年代半ば） リニア中央新幹線、品川―名古屋間開業 北海道新幹線、新函館北斗―札幌間開業 北海道新幹線、函館駅乗り入れ JR函館線長万部―小樽間廃止、新函館北斗―長万部間旅客営業終了 東北新幹線の最高時速が360kmに

JR千歳線、新千歳空港駅拡張
東武鉄道大宮駅移設、2面3線化
JRと京成が成田空港新ターミナル駅開業
山手線でドライバレス運転を実施
都営大江戸線、光が丘—大泉学園町間開業
新金線、新小岩—新宿間開業
新空港線、矢口渡—京急蒲田間開業
横浜市営地下鉄ブルーライン、あざみ野—新百合ヶ丘間開業
富士山登山鉄道開業
阪急なにわ筋・新大阪連絡線、大阪—十三—新大阪間開業
京阪中之島線、中之島—九条間開業
JR北海道の経営自立期限
貨物新幹線運行開始
貨物調整金見直し

2031年〜2040年の鉄道に何が起きるのか？

30年代に入ると、現在建設中の鉄道新線が、続々と開業ラッシュを迎える。

まず、31年春には、ＪＲ西日本と南海電鉄のなにわ筋《すじ》線が開業する。大阪市内を貫《つらぬ》く新たな大動脈で、新大阪駅や大阪駅から関西空港までの所要時間が大幅に短縮される。新大阪―関西空港間に両社共同で特急列車を運行する計画のようだ。

関連路線として、阪急電鉄がなにわ筋・新大阪連絡線の建設を予定している。新大阪駅から十三《じゅうそう》駅を経て大阪駅に至る路線である。なにわ筋線との同時開業は難しそうだが、阪急沿線と新幹線、関西空港を近づける効果的な路線だけに、早い開業を待ち望む人は多そうだ。

31年度には、ＪＲ羽田空港アクセス線東山手ルートと臨海部ルートが開業予定だ。羽田空港に上野東京ラインが乗り入れ、東京駅と直結する。りんかい線の新木場駅にもつながる。

なにわ筋線と羽田空港アクセス線が開通することで、30年代初頭は、東西で空港アクセスが大きく変わることになる。さらに、成田空港では新ターミナルを建設予定で、あわせてＪＲ東日本と京成電鉄の新駅が誕生する。30年代前半の開業が目標となりそうだ。

31年度には、熊本市電東町線が市民病院まで開業する。これにより、同市電が現在計画している新設区間が全線開業となる。32年度は、北海道石狩市の都市型ロープウェイの開業目標年度となっている。現時点で着工に至るかは不透明だが、実現すれば、本格的な都市型ロープウェイとしては日本初となる。

33年度には、20年の大雨で被災して不通となっているＪＲ肥薩《ひさつ》線八代《やつしろ》―人吉《ひとよし》間が復旧する。じつに13年ぶりの運転再開で、大きなニュースとなるだろう。大阪モノレールの瓜生堂《うりゅうどう》延伸開業もこの時期が予定されていて、近鉄奈良線にも「瓜生堂駅」が設置される。

34年度は熊本空港アクセス鉄道が開業予定だ。熊本県では、熊本市電延伸、肥薩線復旧、空港アクセス鉄道開業と、30年代前半に鉄道ニュースがめじろ押しである。

宇都宮ライトラインの教育会館前延伸開業も30年代前半がひとつの目標になる。つくばエクスプレスの8両化も、この頃に実現する。

正確な時期は未定だが、30年代半ばには、リニア中央新幹線の品川―名古屋間や、北海道新幹線の新函館北斗―札幌間が開業するだろう。あわせて、東北・北海道新幹線で新型車両が登場し、宇都宮―盛岡間で最高時速３６０㎞運転が開始されそうだ。盛岡以北でも、青函トンネル区間を除き時速３２０㎞にスピードアップする。

北海道新幹線の並行在来線である函館線新函館北斗―長万部《おしゃまんべ》間の旅客営業は廃止され、貨物専用路線となる見通しだ。長万部―小樽間は完全廃止。函館―新函館北斗間は存続し、うまくいけば新幹線車両の函館駅乗り入れが実現するかもしれない。

貨物専用線となりそうな新函館北斗―長万部間の存続スキームは、この頃には固まっているだろう。並行在来線の鉄道会社を支えてきた貨物調整金ルールにも変化がありそうで、貨物列車を日本全国で維持する新体制が整えられていることだろう。本格的な貨物新幹線が実現に向けて動き出している可能性もある。

ＪＲ北海道は、北海道新幹線の開業にあわせて経営の自立を求められている。同新幹線開業は31年春の予定だったが、延期となったので、経営自立期限も新幹線開業まで後ろ倒しになりそうだ。

36年頃には、広島県のアストラムラインが西広島駅まで延伸開業する。新交通システムとして最後の延伸区間となるかもしれない。

30年代半ばには、東京メトロ南北線品川延伸や有楽町線住吉《すみよし》延伸（豊住《とよすみ》線）、多摩モノレール箱根ケ崎延伸も開業予定。新空港線（蒲蒲《かまかま》線）も、この頃に開業できるかもしれない。富士山登山鉄道も、事業着手にこぎつければ、30年代半ばまでには開業している可能性がある。その場合、日本最高所の駅が野辺山《のべやま》から富士山五合目に移る。

上越新幹線では、30年代半ばをメドにドライバレス運転に移行する見込みだ。この頃から、新幹線から在来線ローカル線まで、レベルに応じた自動運転が広まっていくだろう。駅の窓口は主要駅に残るが、きっぷはインターネットで購入し、チケットレスで乗るのが常識になってくる。顔認証のタッチレス改札口も広まって、「顔パス」乗車も珍しくなくなっているだろう。

30年代後半には、都営大江戸線大泉《おおいずみ》学園町延伸や、横浜市営地下鉄ブルーラインの新百合ヶ丘《しんゆりがおか》延伸が実現している可能性がある。ＪＲ川口駅のホームが増設され、上野東京ラインが停車するのもこの頃で、最短で37年とされている。東武アーバンパークラインの大宮駅は現在位置より60ｍほど南進し、ホームは２面３線に増設される。完成時期は未定だが、30年代には完成しているだろう。

夢洲のＩＲが開業していれば、京阪電鉄中之島《なかのしま》線が九条駅まで延伸している可能性がある。ＩＲが大繁盛していれば、ＪＲゆめ咲（桜島）線の夢洲延伸が動き出しているかもしれない。

懸案となっているＪＲ新千歳空港駅拡張も30年代のうちに実現する可能性がある。実現すれば、新千歳空港駅は千歳線と石勝《せきしょう》線が分岐するターミナルになり、多数の特急列車が発着する。

40年頃には、都心部・臨海地域地下鉄の東京―有明・東京ビッグサイト間が開業する。東京駅はつくばエクスプレスと共用する構想なので、つくばエクスプレスの東京駅への延伸も、同時期にできるかもしれない。新金《しんきん》線の新小岩―新宿《にいじゅく》間も先行開業の期待が持てる。

新駅としては、ＪＲ東海道線大船―藤沢間に「村岡新駅」が32年頃に開業する。同じ頃までに、阪急神戸線武庫之荘《むこのそう》―西宮北口間の武庫川橋梁《きょうりょう》上に「武庫川新駅」が作られる。

ＪＲ京都線では、島本―高槻《たかつき》間に新駅計画があるが、正式決定はしておらず、開業予定などは未定。名古屋市営地下鉄東山線では、名古屋―伏見間に「柳橋新駅」の計画があり、こちらも設置は決定していないが、実現するなら30年代になるだろう。

30年代は、人口減少が急速に進む時代である。30年に１億２０００万人だった人口は、40年に１億１２００万人となり、８００万人も減る。横浜市、名古屋市、大阪市を足したくらいの人口が、たった10年間で日本から失われる。生産年齢人口は30年の７０００万人が40年に６２００万人となり、やはり８００万人減る。

生産年齢人口は、対20年比で１３００万人、率にして18％も減る計算だ。団塊《だんかい》ジュニアが60代を迎え、労働人口が激減することを示していて、鉄道の通勤利用者の減少は避けられない。大都市の通勤路線では混雑が緩和し、列車本数の削減が進むかもしれない。

２０４１年以降の鉄道に何が起きるのか？

41年以降となると見通せない話が多いが、細かい時期はさておき、実現しそうなのは、リニア中央新幹線名古屋―新大阪間と、北陸新幹線敦賀《つるが》―新大阪間の開業であろう。

リニア新大阪開業は、政府目標では37年とされている。とはいえ、名古屋開業が30年代半ばとなる見通しとなっているなか、37年の新大阪開業は困難で、順調に進んでも40年代前半になるだろう。北陸新幹線新大阪延伸は、人手不足に加えて難工事も見込まれていて、50年代以降になりそうだ。

リニアと北陸新幹線が開業したら、新大阪駅は、東海道・山陽・北陸という３つの新幹線と、リニア、さらにＪＲ各線や大阪メトロ、阪急まで集まる巨大ターミナルとして、存在感をより高めそうである。

これら以外の新幹線が40年代から50年代に開業するのは難しそうである。ただし、山形新幹線の米沢トンネル（福島―米沢間）や秋田新幹線の新仙岩《しんせんがん》トンネル（雫石《しずくいし》―田沢湖）といった、ミニ新幹

●2041年以降の鉄道未来年表●

時期未定
リニア中央新幹線、名古屋―新大阪間開業 北陸新幹線、敦賀―新大阪間開業 秋田新幹線、新仙岩トンネル開通 山形新幹線、米沢トンネル開通 JR函館線、札幌―旭川間高速化 JR千歳線、新千歳空港―札幌間高速化 羽田空港アクセス線西山手ルート、羽田空港―大井町間開業 埼玉高速鉄道線、浦和美園―岩槻間開業 東京8号線、八潮―野田間開業 つくばエクスプレス、つくば―土浦間開業 小田急多摩線、唐木田―相模原間開業 横浜市営地下鉄グリーンライン、日吉―鶴見間開業 阪急大阪空港線、曽根―大阪空港間開業 JRゆめ咲線、桜島―夢洲間開業 那覇LRT東西ルート、県庁北口―県立南部医療センター間開業(2040年度目標) 那覇LRT南北ルート、真玉橋―新都心間開業 那覇LRT東西ルート、支線県庁北口―若狭海浜公園間開業 沖縄縦貫鉄道、那覇―名護間開業

※時期は、公表された予定または筆者による予想

線の短絡線は開業するかもしれない。また、ＪＲ函館線の函館―旭川間やＪＲ千歳線新千歳空港―札幌間といった在来線の高速化は、一部で進展の可能性がある。

那覇ＬＲＴも40年頃を開業目標に据《す》えている。当初は東西ルート本線からスタートするが、順調にいけば、南北ルートや東西ルート支線にも路線を拡大していくだろう。

ＪＲ羽田空港アクセス線は、西山手ルートの開業が視野に入る頃だ。埼玉高速鉄道の岩槻《いわつき》延伸や小田急電鉄多摩線の相模原延伸も、事業着手できれば40年代に開業できるかもしれない。

希望的観測をいえば、阪急大阪空港線や沖縄縦貫鉄道なども、この時期までにはメドがついていてほしいところである。横浜市営地下鉄グリーラインの鶴見延伸や、東京8号線八潮《やしお》―野田市間、つくばエクスプレス土浦延伸なども楽しみだ。

この時代も人口減少は続く。50年の全国の総人口は1億4００万人になり、1億人割れが視野に入ってくる。生産年齢人口は５５００万人にまで減り、20年比で２０００万人、26％という大幅減少だ。これは全国の話なので、地域によっては半減する自治体もある。ローカル線では、人口減少による利用者減に耐えきれず、廃止に追い込まれる路線が続出しそうである。

では、次章から、日本の鉄道が未来に向けてどう変わっていくのか、主な事柄《ことがら》ごとに、詳しく見ていこう。

1章

人口減少時代の鉄道の未来

鉄道各社が有料着席サービスに注力する事情

東急電鉄東横線の渋谷駅では、平日夜間に毎時2本、指定席を連結した列車が出発する。同駅始発の急行元町《もとまち》・中華街行きで、5号車が「Qシート」と銘《めい》打《う》つ指定席だ。有料の指定席券を購入した旅客以外は当該号車に入ることができない。いわゆる「有料着席サービス」だ。

乗ってみると、車内には2列のクロスシートが並ぶ。東横線は混雑で知られる路線だが、Qシートでは乗客全員が着席し、くつろいだ時間を過ごしている。ただ、空席も目立つ。東横線は全線に乗っても30分そこその所要時間で、途中乗降も頻繁《ひんぱん》だ。課金してまで着席にこだわる人は少ないのかもしれない。

東急東横線でQシートサービスが始まったのは23年8月である。当初は10両編成の4、5号車が対象だったが、利用状況が芳《かんば》しくなかったようで、24年5月から5号車のみとなった。それでも東急はサービスを継続する方針を示しており、中期事業計画でも「有料着席サービスの拡充」を打ち出している。

鉄道会社の有料着席サービスは、全国の通勤路線で急増している。これまでに実施していなかった路線でも次々と導入され、いまや主要な通勤路線で実施していないほうが珍しい状況になった。東京圏では今後も西武鉄道新宿線で新たな着席サービスの導入が予定されているほか、JR東日本

表1 2010年代後半以降に導入された、東京圏の主な有料着席サービス

路線名	名称（愛称）	運行開始
西武池袋線・メトロ有楽町線	S-TRAIN	2017年
京王線・相模原線	京王ライナー	2018年
東急大井町線・東横線	Qシート	2018年
京急本線・久里浜線	ウィング・シート	2019年
東武スカイツリーライン・東京メトロ日比谷線	THライナー	2020年
JR中央線快速	グリーン車	2025年以降
西武新宿線	未定	2026年度予定

※導入路線は代表的なものを示した。表記以外にも乗り入れている場合がある。
また、運行開始年は、最初の路線のもの

では中央線快速にグリーン車を連結する準備を進めていて、25年春以降にサービスを開始する（**表1**参照）。

鉄道各社が有料着席サービスに力を入れる背景に人口減少がある。日本の総人口は08年にピークを打ち、すでに減少に転じている。人口が減れば鉄道の利用者も減少し、列車の混雑率が低下、一部の車両を着席サービス専用にする余裕ができる。それを見込んで、10年代後半から、鉄道各社で有料着席サービスが増加し始めた。

車両の進化もある。「デュアルシート」と呼ばれる、ロングシートとクロスシートの両方に転換可能な車両が開発されたことで、導入のハードルが低くなった。ふだんはロングシートで運行し、着席サービス提供の際はクロスシートにする。東急東横線のQシートもデュアルシートである。

有料着席サービスを導入する目的のひとつは増収だ。しかし、それだけではなく、鉄道各社が強調するのは「沿線価値の向上」である。「快適に通勤できる路線」であることをアピールして居住を促《うなが》し、沿線人口の減少を食い止めようとしているわ

けだ。

いうまでもなく、東急東横線は首都圏きってのブランド路線である。その東横線ですら、人口減少という大問題の前に現状維持ではいられない。東急の有料着席サービスの拡充方針は、人口減少が都市鉄道に変化をもたらすことを示す、ひとつの例といえそうだ。

人口減少は鉄道の未来にどれだけの影響を与えるか？

では、人口減少は鉄道会社にどれだけの影響を与えるのか。具体的な数字を見てみよう。

運輸政策研究機構は14年に、人口減少の鉄道各社への影響についてリポートを公表している。新型コロナ禍前の内容であることに注意が必要だが、当時の見通しとして、都心から10㎞圏までは、当面、人口の増加傾向が続くとしていた。

10㎞圏とは、おおまかには東京23区内である。人口減少時代でも、23区には全国から若者が流入してくるので、今後30年程度は人口に大きな変化はない。したがって、鉄道利用者が大きく減少することもなく、列車の混雑は続くことになる。

しかし、鉄道会社はもっと遠くの郊外から通勤客を運んでいる。その郊外では、人口減少が進み始めている。

23年に公表された国立社会保障人口問題研究所（社人研）の『日本の地域別将来推計人口（令和5

年推計)』によれば、南関東(東京・神奈川・千葉・埼玉)の人口は、20年を100とすると、30年後(50年)には95・5となる。都道府県別に見ると、東京都は102・5だが、神奈川県が92・3、埼玉県が90・3、千葉県が90・5である。都内は人口が横ばいだが、郊外は1割程度減る。

これは総人口の話である。しかし、通勤・通学で列車を使うのは、主に生産年齢人口(15—64歳)だ。したがって、鉄道の未来を予測するには、生産年齢人口の推移が、より重要であろう。

そこで、生産年齢人口に限って見てみると、東京都でも30年後に93・7に下がる。神奈川県が81・0、埼玉県80・6、千葉県81・4である。通勤・通学で鉄道を利用する年齢層だけを見れば、郊外から都心へ向かう利用者が今後30年で2割減ってもおかしくない、という話になる。

ただし、郊外エリアが一律で同じような人口減少に見舞われるわけではない。沿線による格差も存在する。

表2は、鉄道沿線の生産年齢人口が30年間でどれだけ減るかを、東京圏の主要路線ごとに調べてみたものだ。私鉄各線の沿線自治体の人口減少割合につ

表2 東京圏私鉄沿線の30年後の生産年齢人口減少率(%)

路線名	30km圏	50km圏
つくばエクスプレス	1%	2%
東武スカイツリーライン	14%	22%
東武東上線	12%	15%
西武池袋線	16%	22%
西武新宿線	15%	17%
京王線	13%	15%
小田急小田原線	13%	17%
東急田園都市線	16%	——
東急東横線	6%	——
京急本線	10%	19%
京成本線	10%	12%

いて、都内のターミナル駅からおおむね30㎞圏と、50㎞圏内についてそれぞれ計算した。ただし、東京23区は除いてある。

注意点として、駅がひとつでもあれば、当該市区町村全体の人口を計算に入れているので、駅勢圏を考慮した沿線人口とは異なる。それでも、路線ごとの人口動態の傾向をつかむ目安にはなるだろう。

表からは、多くの沿線で10〜20％程度の生産年齢人口が減少することがわかる。そして沿線格差も大きい。減少率がきわめて低いのが、つくばエクスプレスだ。30㎞圏が1％、50㎞圏が2％で、ほぼ横ばい。同線の開業が05年と比較的最近のため、沿線住民が全体として若いことが理由だろう。沿線自治体が子育て世代の転入を促す政策を採用していることも効果を発揮しているようだ。

昭和期から運行している私鉄では、東急東横線の30㎞圏内6％という数字が際《きわ》だって低い。減少はするものの、日本全国の人口減少を考えれば健闘している。

30㎞圏では京急電鉄本線と京成電鉄本線が10％と低めだ。ただし、京急も京成も30㎞圏はほぼ、JRとの並行区間である。JRと私鉄が並行している区間は、利便性が高いゆえに人口減少率が低いと解釈したほうがよさそうである。

50㎞圏になると、路線による差が開く。京成本線は成田空港を後背地《こうはいち》に抱えているからか、12％と落ち着いている。

一方、東武鉄道スカイツリーライン（伊勢崎線）と西武池袋線は減少率20％を超えていて、京急本線も20％に迫《せま》る。東武スカイツリーラインは春日部《かすかべ》市以遠で、西武池袋線は入間《いるま》市以遠で、それぞれ生産年齢人口が3割以上減る。京急本線はJR並行区間を離れた横浜市南部から横須賀市での人口減少が著《いちじる》しい。

鉄道会社を悩ませる「働き方改革」

東急東横線は東京圏屈指の混雑路線であり、沿線の生産年齢人口減少率も一桁《けた》だ。だから当面、利用者減少を心配する必要はない――そう考えてしまいそうだが、じつは別の不安要因がある。リモートワークの普及だ。

新型コロナ禍で利用者が激減したあと、各線区とも定期外利用者は回復が進んでいるが、定期利用者の戻りが鈍《にぶ》い。東急電鉄はそれが顕著《けんちょ》なのである（**表3**を参照）。

東急の23年度の定期外輸送人員は101％で18年度を上回る水準に達した。しかし、定期輸送人員は80％しか回復していない。定期券利用の通勤客が戻らないのである。

表3 大手私鉄16社の利用者回復率

	定期外	定期
東武	97%	87%
西武	96%	84%
京王	95%	80%
小田急	97%	84%
東急	101%	80%
京急	98%	83%
京成	101%	89%
東京メトロ	96%	79%
相鉄	103%	86%
名鉄	93%	91%
近鉄	86%	93%
南海	92%	89%
京阪	85%	92%
阪急	89%	93%
阪神	94%	97%
西鉄	90%	98%

※2023年度の対2018年度の回復率。
日本民営鉄道協会資料より作成

これは、電車で毎日通勤する人の割合が低下したことを意味している。「働き方改革」の恩恵を受けられる職業の就労者が、沿線住民に多いことが背景にあるのだろう。リモートワークをしやすい職種や年齢層の割合が高いということだ。

定期外利用者が回復しているのは、週数日しか出社しない通勤客が定期券を買わずに乗車するから、と解釈できる。東急と同様に、京王（80％）や東京メトロ（79％）も定期利用者の回復率が低い。

一方、東武の23年度の定期輸送人員は87％の回復で、定期外も97％まで回復している。つまり、東武は東急に比べると通勤客が戻っている。東京圏では京成（89％）も定期利用者の戻りが良好である。東京圏以外の私鉄も、定期利用者の回復率が高い。

これからの時代、鉄道利用者数を決めるのは沿線人口の多寡《たか》だけではないようだ。沿線住民の年齢・職業の違いや、それにともなう働き方の違いが、鉄道利用者数に反映する時代となった。これも沿線格差といえるだろう。

京阪が火をつけた関西の有料着席サービス競争

京阪電鉄淀屋橋《よどやばし》駅は、同線の大阪方のターミナルである。毎時4本の特急列車が京都方面に向かって出発していく。その編成中央に、ひときわ目立つ車両がある。壁面には「PREMIUM CAR」（プレミアムカー）と記されている。

表4 2010年代後半以降に導入された、近畿圏の主な有料着席サービス

路線名	愛称	運行開始
京阪本線	プレミアムカー	2017年
JR京都線・神戸線	Aシート	2019年
阪神本線	らくやんライナー	2022年(期間限定)
JR大和路線・おおさか東線	うれシート	2023年
阪急京都線	プライベース	2024年

※導入路線は代表的なものを示した。表記以外にも乗り入れている場合がある。
また、運行開始年は、最初の線区のもの

この車両でも有料着席サービスがおこなわれている。改札口横の券売機で指定席券を買って乗ってみると、車内には横3列のシートが並ぶ。JRのグリーン車でも横4列だから、近郊電車とは思えない豪華さである。ゆったりした座り心地《ごこち》で、大阪近郊の通勤電車に乗っていることを忘れてしまいそうだ。

京阪がプレミアムカーを導入したのは17年である。京阪神を結ぶ鉄道路線では、他社に先駆《さきが》けての有料着席サービスの導入であった。京阪神を結ぶ鉄道各社は、以前から転換式クロスシートの車両を料金不要の通勤電車に導入している。京阪も一部2階建ての特急専用車両を使用していて、快適性には定評があった。

そうした状況で、さらに豪華な有料着席サービスを導入したわけである。サービス開始前は、はたして需要があるのか、という懐疑《かいぎ》的な見方もあったようだ。

しかし、蓋《ふた》を開けてみると好評を博し、利用者数は17年度からの6年間で2・2倍になった。25年からは、1編成2両に増結することが発表されている。

京阪の成功を受けて、阪急電鉄も24年7月に京都線で「プライ

ベース」という有料着席サービスを開始した。ＪＲ西日本も、新快速や快速の一部列車で有料着席サービス「Ａシート」「うれシート」を導入したほか、通勤時間帯の特急列車を増発するなど、着席サービスを強化している。阪神電鉄でも、有料着席サービスを試験的におこなっていて、将来的な導入に前向きだ（前ページ**表4**参照）。

近畿圏では、もともと近畿日本鉄道や南海電鉄が有料特急で着席サービスを展開していたが、京阪神エリアの通勤電車では実施されていなかった。そこへ京阪が先鞭《せんべん》を付け、ＪＲ、阪急が追随《ついずい》。阪神も検討するに至り、主要路線に有料着席サービスが広まる勢いだ。

近畿圏の人口減少は首都圏よりも深刻

近畿圏（2府4県）の人口減少は、首都圏（1都7県）より先行している。20年の生産年齢人口に限れば、00年からすでに15％も減少しているうえに、20年からの30年間で約30％の大幅減が見込まれている（次ページ**表5**参照）。

中心都市である東京23区と大阪市内を比較すると、東京23区の50年までの生産年齢人口の減少率が3％程度と予想されているのに対して、大阪市内は約20％も減少する。鉄道を利用する年齢層が、中心都市において、これから30年間で2割も減るのである。

郊外部は人口減少がさらに進む。それを示したのが44ページに示した**表6**である。東京圏同様、

表5 首都圏と近畿圏の人口増減

総人口	2000年	2020年	増減率	2050年	増減率
首都圏	4,132万人	4,446万人	8%	4,112万人	△ 7%
近畿圏	2,085万人	2,054万人	△ 1%	1,650万人	△20%
生産年齢人口	2000年	2020年	増減率	2050年	増減率
首都圏	2,936万人	2,779万人	△ 6%	2,309万人	△17%
近畿圏	1,438万人	1,219万人	△15%	856万人	△30%

近畿圏の主要通勤路線沿線の生産年齢人口の、20年から50年の減少率を示した。大阪市内のターミナル駅からおおむね30㎞圏と、50㎞圏内の沿線自治体の予測を集計したものだ。ただし、大阪市内は除いてある。

比較的減少率が低いのは阪急各線と阪神である。それでも20％程度の沿線人口の減少が見込まれている。これは、首都圏のワーストと同等の水準である。

近鉄、南海、京阪の各線は、さらに厳しく、軒並み30％以上の減少率である。沿線である大阪府南部や奈良方面が、これから深刻な人口減少に見舞われることを示している。

こうした状況で、近畿圏の鉄道各社が力を入れているのが、インバウンド（訪日外国人旅行）輸送である。近畿地方には京都・奈良といった日本を代表する観光エリアがあり、外国人観光客を取り込めば、通勤客の減少分をある程度カバーできるからだ。

京阪の「プレミアムカー」の狙いも、じつはそこにあるようだ。というのも、「プレミアムカー」はラッシュ時にだけ設定されているのではない。終日設定である。

つまり、沿線住民に通勤時の着席サービスを提供するだけでなく、大阪

表6 近畿圏私鉄沿線の
30年後の生産年齢人口減少率

路線名	30km圏	50km圏
近鉄大阪線	35%	35%
近鉄奈良線	35%	——
近鉄南大阪線	37%	39%
南海本線	33%	35%
南海高野線	32%	34%
京阪本線	36%	33%
阪急京都線	21%	20%
阪急宝塚線	22%	——
阪急神戸線	22%	——
阪神本線	22%	——

と京都を往来する観光客もターゲットにしているのだ。追随した阪急京都線の「プライベース」も同様の想定のようである。

近鉄は、そもそも奈良地域の観光輸送で大きなシェアを占《し》める。南海には関西国際空港輸送がある。関西私鉄にとって、インバウンド輸送は貴重な活路である。

逆に、人口減少が比較的緩《ゆる》やかな阪急神戸線・宝塚線や阪神沿線には、京都や奈良に匹敵《ひってき》するインバウンド向け観光地が存在しない。これも沿線格差といえる。

これからの都市鉄道で何が起こるか?

生産年齢人口と鉄道利用者数が軌《き》を一《いつ》にするならば、今後30年間で、東京圏郊外で2割程度、近畿圏郊外で3割程度、それぞれ都市鉄道の利用者が減少する可能性がある。現実にそれだけ利用者が減ると、何が起こるのだろうか。

当然のことながら、列車の混雑が緩和するだろう。鉄道会社としては、輸送力増強を目的とした設備投資が必要なくなる。複々線化したり、車両を増備したり、編成を長くしたりするには巨費がかかるが、今後、利用者が減少していくのであれば、そうした投資をしなくてよい。もちろん、現状で激しい混雑が起きている路線では対処が必要な場合もあるが、そうした区間は限られる。

輸送力増強に代わって求められるのは、利用者を増やす施策である。鉄道会社の投資は、乗りやすさや使いやすさの改善といった利便性向上や、快適性の向上に軸足を移すことになりそうだ。有料着席サービスはそのひとつの例といえる。

利用者から見れば、ラッシュ時のすし詰めは解消され、日中時間帯はより着席しやすくなる。お金さえ払えば着席保証も受けられる。いずれも悪い話ではない。

しかし、需要が減少したのに、同じだけの輸送力を供給してサービスも向上させていたら、鉄道会社は経営難に陥《おちい》ってしまう。そうならないために、利用者が減ったら、列車本数を削減せざるを得なくなる。車両数を減らす減車も選択肢に入るだろう。

すでに、そうした動きが出始めている。たとえば東武鉄道では、25年以降にアーバンパークライン（野田線）を6両編成から5両編成に減らす方針を明らかにしている。

運賃や料金の値上げも必要になる。首都圏の鉄道運賃は全国でもっとも低廉《ていれん》だが、大勢の客を詰め込んで輸送しているからこそだ。利用者が減少すれば、いずれ相応の値上げが避けられなくなる。すでに一部の鉄道会社では運賃値上げを実施しているが、一度限りでは済まないだろう。

国土交通省は24年4月に鉄道運賃水準の算定の根拠となる「総括原価」の算定方法を見直した。こうした制度改正を背景に、鉄道運賃・料金を根本《こんぽん》的に見直す動きも強まりそうだ。

ローカル線には厳しい未来が待ち受けているのか？

大都市圏では、人口が減るとはいえ、まだまだ鉄道が必要とされるのに十分な人口集積がある。したがって、路線の廃止を心配する必要はない。列車が空《す》いて、より快適に利用できるようになるので、ある程度の人口減少なら歓迎と受けとめる人も多いだろう。

深刻な問題が発生するのは地方である。地方都市や過疎地では、もともと人口集積が乏《とぼ》しいうえ、首都圏や近畿圏より激しい人口減少と高齢化が見込まれているからだ。

次ページの**表7**は、全国47都道府県の20年と35年、50年の生産年齢人口の減少率を見たものだ。50年の減少率が20％以内に収まったのは、東京、神奈川、埼玉、千葉、沖縄の計5都県のみである。

逆に、減少率が高いのは、秋田、青森の両県。どちらも52％の大幅減少である。岩手、山形、福島、新潟、奈良、和歌山、徳島、高知、長崎の9県も、減少率40％以上である。

全体として見ると、北海道・東北地方と四国地方が厳しく、30年後に鉄道利用者が半減しても不思議ではない。こうしたエリアでは、すでに鉄道ローカル線の維持が社会問題になりつつあるが、今後、人口減少が進むにつれ、より厳しい状況に陥っていくのは間違いない。

ひとつの例として、北海道の宗谷線を見てみよう。旭川―稚内《わっかない》を結ぶ日本最北の鉄道路線である。この沿線には12の自治体がある。

表7 都道府県別生産年齢人口の減少率(対2020年比)

地域	2035年	2050年	地域	2035年	2050年
全国	10%	26%	三重県	15%	33%
北海道	17%	38%	滋賀県	8%	25%
青森県	26%	52%	京都府	11%	29%
岩手県	22%	46%	大阪府	10%	27%
宮城県	12%	32%	兵庫県	13%	31%
秋田県	27%	52%	奈良県	19%	40%
山形県	21%	43%	和歌山県	20%	41%
福島県	21%	43%	鳥取県	16%	36%
茨城県	14%	32%	島根県	14%	31%
栃木県	14%	33%	岡山県	11%	28%
群馬県	13%	32%	広島県	12%	29%
埼玉県	6%	19%	山口県	17%	38%
千葉県	6%	19%	徳島県	21%	43%
東京都	+1%	6%	香川県	13%	32%
神奈川県	7%	19%	愛媛県	18%	39%
新潟県	19%	40%	高知県	21%	44%
富山県	16%	35%	福岡県	7%	21%
石川県	13%	30%	佐賀県	14%	32%
福井県	15%	35%	長崎県	23%	44%
山梨県	18%	36%	熊本県	14%	30%
長野県	15%	33%	大分県	15%	33%
岐阜県	16%	36%	宮崎県	16%	34%
静岡県	14%	32%	鹿児島県	17%	35%
愛知県	7%	22%	沖縄県	6%	18%

出典:『日本の地域別将来推計人口(令和5〈2023〉年推計)』

起点となる旭川市を除く11自治体の20年度の生産年齢人口は5・5万人である。これが、50年度には2・6万人にまで減る。53％の大幅減少である。

宗谷線の旭川市外の区間は約240㎞もある。東海道線なら、東京―袋井《ふくろい》（浜松の手前）に匹敵する距離だ。それだけの長い沿線に、2万人そこそこしか生産年齢人口がいないとなれば、収益事業として鉄道を維持するのが相当に難しくなることが想像できる。

鉄道の輸送量は「輸送密度」という指標で示される。1日1㎞あたりどれだけの人数が列車を利用したか、という数字である。22年度の数字で、宗谷線は旭川―名寄《なよろ》間が972、名寄―稚内間が209である。

国鉄時代には、輸送密度4000未満が特定地方交通線として廃止対象にされた。これを基準とすれば、宗谷線はすでに全線で大きく下回っている。人口動態を考えれば、この輸送密度が今後30年で半分になってもおかしくないわけで、路線の維持はさらに厳しくなるだろう。

もうひとつの例として、和歌山県の紀勢《きせい》西線も見てみよう。三重県の亀山駅から和歌山県の新宮《しんぐう》駅を経て和歌山市駅に至る鉄道路線が紀勢線で、紀勢西線はこのうちの新宮―和歌山市間204㎞を指す。沿線には22の自治体がある。

終点の和歌山市を除く21自治体の20年の生産年齢人口は合計19万人である。これが50年には9・3万人にまで減る。宗谷線ほどではないが、約200㎞の沿線に9万人の生産年齢の住民がいるだけでは、鉄道事業の維持が厳しくなることに変わりはない。

紀勢西線の23年度の輸送密度を見てみると、新宮—白浜《しらはま》間が935、白浜—和歌山間が6985である。新宮—白浜間は厳しいが、白浜—和歌山間は悪くない。

底支えしているのは観光客だろう。大都市圏に近いという地の利があり、沿線を代表する観光地・白浜には年間300万人もの観光客が訪れる。世界遺産の熊野古道もある。こうしたエリアの観光需要を確保できれば、今後も路線の維持は可能だろう。ここでもカギを握るのは、急増しているインバウンドである。

人口減少時代にローカル線の維持がますます難しくなるのは、予見可能な未来である。一方で、ローカル線においても、インバウンドは貴重な活路となるに違いない。

「相鉄・東急新横浜線開業」に見る社会情勢の変化

東急東横線の渋谷駅に戻ろう。同駅の案内掲示では、23年3月18日から「湘南台《しょうなんだい》」という行き先を見るようになった。湘南台とは、相模《さがみ》鉄道いずみ野線の終着駅である。

この日に相鉄・東急新横浜線が開業し、東急と相鉄との相互直通運転が始まった。東横線からの直通列車は、主に急行として、渋谷駅から新横浜駅を経て湘南台駅まで走る。これにより、東横線急行停車駅から新横浜駅まで乗り換えなしでつながった。

東急線と相鉄線の直通運転構想は、00年に公表された運輸政策審議会答申第18号『東京圏における高速鉄道に関する基本計画について』にさかのぼる。

答申18号が「基本的な考え方」として筆頭に置いた政策課題は「混雑の緩和」である。相鉄と東急を結ぶ路線は東海道線の混雑の緩和に資するため、「15年度までに開業することが適当である路線」と記載された。

この答申を受け、06年に建設が正式に決定。紆余曲折《うよきょくせつ》を経て、17年後に開通の運びとなるのだが、当初、この計画には相鉄社内で異論があったという。同社のターミナルは横浜駅で、関連企業の商業施設も集積する。都心へ直通路線ができれば横浜駅の乗降客が減り、商業施設の収益に影響する、というのが反対の論拠であった。

それでも相鉄が建設を決断したのは、当時、人口減少による乗客減少が、すでに予見されていたからだという。沿線価値を高めるためには、横浜駅の集客を減じるかたちになったとしても、都心直通が必要という結論に至ったのである。

結果として、東急線利用者も、新横浜駅という新幹線発着駅に直結するメリットを享受《きょうじゅ》するようになった。人口減少を見据《みす》えて、鉄道会社が努力をした結果、路線の利便性が向上した例といえる。

人口が増加している時代なら、相鉄は横浜のターミナル機能が減じるのを恐れ、東急は混雑悪化を警戒し、この計画は実現しなかったかもしれない。人口減少という社会情勢の変化が、鉄道の変化を促す原動力になったわけである。

都市鉄道の未来像を示した「答申198号」を読みとく

前述の「答申18号」の目標年次は15年であった。期限を過ぎた16年に、国土交通省の交通政策審議会が新たな答申を公表した。『東京圏における今後の都市鉄道のあり方について』というタイトルで、「答申198号」と呼ばれる。

答申198号では、東京圏の都市鉄道の目指すべき姿として、いくつかの目標を示した。最初に挙げられたのが「国際競争力の強化に資する鉄道」である。

特徴的なのは、その具体的な政策課題として筆頭に掲《かか》げられたのが、「航空・新幹線との連携強化」だったことである。前述したとおり、00年に公表された答申18号で筆頭に記された政策課題は、「混雑率の緩和」だった。それが答申198号で「航空・新幹線との連携強化」に変わったわけだ。

この変化には注目せざるを得ない。政府が、混雑率緩和より域外アクセスの改善を重視する政策に軸足を移したことを示しているからだ。居住人口の減少が避けられない現実を踏まえ、交流人口の拡大と、その取り込みを意識した方針に変更したことがうかがえる。

一方で、東京圏の鉄道の混雑は解消しておらず、満員電車が問題となっている区間は、いまも多数ある。速達性に課題がある路線も少なくない。

そこで答申は、目指すべき姿として「豊かな国民生活に資する都市鉄道」を2番目に掲げ、具体的な政策課題として「混雑の緩和」「速達性の向上」「シームレス化」を盛り込んだ。航空や新幹線との連携がこれから重要になってくるが、日常生活で使う路線もまだ改善が必要である、ということのようである。

これらを含め、答申198号では、解決すべき課題として次のような内容を列挙している。箇条書きにしてみよう。

- 航空・新幹線との連携強化
- 国際競争力強化の拠点となるまちづくりとの連携強化
- 混雑の緩和
- 速達性の向上
- シームレス化（直通運転など）
- ユニバーサルデザイン化
- 郊外部のまちづくりとの連携強化
- エコデザイン化
- バリアフリー化
- 外国人対応
- わかりやすくゆとりある駅空間の形成

・遅延や災害への対応強化

答申が伝えているのは、今後の都市鉄道はこうした課題に向き合わなければならない、ということだ。この答申は東京圏を対象にしたものだが、全国的に見ても目指すべき方向性に大きな違いはあるまい。すなわち、答申198号は、日本の都市鉄道が目指す未来の姿を示しているともいえる。

答申に記載された具体的な鉄道新線のプロジェクトは24。公表から8年が経過するが、このうち11の計画が実現へ向け動き出している。

答申の狙いどおり、空港や新幹線アクセスに関連する路線が多いが、既存線の混雑緩和に資する路線も建設が始まっている。詳細については、2章で紹介する。

近畿圏の新線建設が「これから容易ではない」理由

東京圏に比べると、近畿圏での鉄道新線建設の動きは鈍い。04年に公表された近畿地方交通審議会答申第8号『近畿圏における望ましい交通のあり方について』では、「中長期的に望まれる鉄道」として13路線4地域をリストアップしたものの、答申の目標年次とされた15年までに事業着手した路線がひとつもなかったほどである。

なぜ、近畿圏で鉄道の新線計画が停滞してきたのか。答申公表から10年後の14年に、同審議会みずから理由を調べ、『答申第8号（鉄道部分）の検証』という資料で明らかにしている。

『検証』では、近畿圏の鉄道旅客輸送量が「答申第8号策定時の需要見通しと比べて、大幅に速いペースで減少している」とし、需要見通しが甘かったことを認めたうえで、新線整備について、「鉄道事業の経営環境や財政事情が悪化するなかで、社会経済情勢変化等により採算性が見込めなくなっていることや事業の必要性が薄くなっている」と分析した。

要するに、鉄道の利用者減少が予想以上で、新路線を作っても採算が取れそうもなく、建設する必要性もなくなってきた、という、身も蓋《ふた》もない話である。近畿圏では生産年齢人口が00年頃から減り始めていることが、その背景にあるのだろう。

検証にあわせて、同審議会は『目指すべき方向性』を示し、鉄道ネットワークの拡充は「既存の鉄道ネットワークの改良では対応が困難であり、近畿圏の成長に寄与《きよ》することが具体的に明らかである場合」に限ることになった。

検証後、事業着手に至ったのは4路線である。ＪＲ・南海なにわ筋線と、北大阪急行線箕面萱野《みのおかやの》延伸、大阪モノレール瓜生堂《うりゅうどう》延伸、大阪市営地下鉄（現・大阪メトロ）中央線夢洲《ゆめしま》延伸だ。このうち、北大阪急行の千里中央―箕面萱野間は24年3月に開業している。

それ以外の新線計画は、動きが鈍いままだ。04年の答申からすでに20年が経過している段階で、人口減少が始まっている近畿圏で新線を作ることは容易でないのだろう。

『目指すべき方向性』では、鉄道施設の老朽化が進展していることを踏まえて、「概成《がいせい》した鉄道ネットワークの健全な維持が第一の課題」とした。新線を作るよりも、いまある路線をどう維持していくかのほうが重要である、という指摘である。これもまた、全国に共通する、日本の鉄道の課題といえそうだ。

「鉄道整備の評価方法」の読み方

鉄道新線の整備はほとんどが公共事業としておこなわれる。公共事業には公金が投入されるので、透明性を保つため、事前に事業評価がなされる。評価のポイントはいくつかあるが、とくに重要視されるのは費用便益《べんえき》比と収支採算性である。少しややこしいが、鉄道新線の話にはつきものの数字なので、ここで説明しておく。

費用便益比とは、費用対効果を評価する指標である。事業の費用（C：コスト）を分母、事業による便益（B：ベネフィット）を分子として割合を求める。鉄道新線の事業評価では、30年及び50年の試算で、この数字（B／C）が「1」を超えなければならない。便益が費用を上回らなければならないということだ。

便益とは、事業による貨幣換算可能な効果を指す。具体的には、利用者の所要時間の短縮や交通費用の減少、供給者の収益改善、道路混雑緩和などが含まれる。一方の費用とは、建設費や維持改良費などである。

収支採算性は、鉄道新線の事業が長期的に持続可能であるかを評価する指標で、単年度営業収支黒字転換年、累積資金収支黒字転換年、収支改善効果などで示される。単年度営業収支や累積資金収支では、40年以内に黒字に転換しなければならない。

整備新幹線では、事業を実施する前後を比較して、営業主体に生じる受益を見る。既設在来線や既設新幹線の収支も考慮し、開業後30年間の収支改善効果（受益）を平均したものについて、収支採算性として算定する。

これらの数字は、国土交通省の『鉄道プロジェクトの評価手法マニュアル』に基づいて計算される。鉄道新線計画で費用便益比と収支採算性の条件をクリアするのは難しく、野放図《のほうず》な鉄道建設の歯止めとなっている。一方で、費用便益比を重視しすぎて建設が進まないという批判もある。

『評価手法マニュアル』は一定期間ごとに改訂されていて、最新版は12年のものだ。すでに10年以上が経過したことから、さらに改訂する作業が始まっている。本書執筆時点で改訂版は発表されていないが、改訂の検討資料には、費用便益分析で単純に評価するのではなく、多面的な評価を目指す方針が示されている。

また、現在４％とされている社会的割引率について、比較のため、１％や２％などの参考値を設定することも検討されている。

社会的割引率とは将来の価値を現在の価値に置き換えるために設定される値で、国債などの実質利回りを参考に決定される。費用便益比に大きく作用する数字だが、近年の低金利下で４％は高すぎるという議論があった。一方で、過去の事業評価との一貫性を確保するため、一定の値を継続的に用いることに意味があるという指摘もある。

こうした議論から察するに、マニュアル改訂により、事業評価のハードルはやや低くなりそうである。ただし、近年は物価高が著しいので、「鉄道建設がしやすくなる」という単純な話でもない。それについては次項で述べる。

新線計画を「物価高と人手不足」が襲う

24年3月16日に北陸新幹線金沢―敦賀《つるが》間が延伸開業した。東京駅から「かがやき」に乗ると、最短2時間51分で福井駅に着く。福井県は、ミニ新幹線を含め全国で32番目の新幹線駅がある都道府県となった。

そのこと自体は喜ばしいが、驚かされたのは建設費である。北陸新幹線金沢―敦賀間の建設費は、最終的に1兆6779億円に達した。12年の認可時の概算が1兆1600億円だったので、額にして約5000億円、率にして約45％も上振《うわぶ》れたわけである。同区間の工事延長は114・6㎞なので、1㎞あたり146・4億円となった。

次ページの**表8**は、10年以降に開業、または建設中の新幹線の事業費である。開業済み路線のうち、キロあたりでは、北陸新幹線金沢―敦賀間の事業費が、図抜けて高いのがわかる。

表8 整備新幹線の総事業費とキロあたり事業費

整備路線	整備区間	整備延長	総事業費	キロあたり事業費	開業年
東北新幹線	八戸―新青森間	81.2km	4,377億円	53.9億円/km	2010年
九州新幹線	博多―新八代間	121.1km	8,630億円	71.3億円/km	2011年
北陸新幹線	長野―金沢間	231.1km	1兆6,538億円	71.6億円/km	2015年
北海道新幹線	新青森―新函館北斗間	148.3km	5,176億円	34.9億円/km	2016年
西九州新幹線	武雄温泉―長崎間	67.0km	6,197億円	92.5億円/km	2022年
北陸新幹線	金沢ー敦賀間	114.6km	1兆6,779億円	146.4億円/km	2024年
北海道新幹線	新函館北斗―札幌間	211.9km	2兆3,150億円	109.2億円/km	建設中
北陸新幹線	敦賀ー新大阪間	約144km	約3.9兆円	約270億円/km	建設予定

※北陸新幹線敦賀―新大阪間の事業費は、京都駅南北ルートの概算

工事単価はトンネルや高架橋の長さなどに左右されるので、まったくの同条件の比較はできない。それでも、北陸新幹線長野―金沢間（15年開業）より9年遅れで開業するだけなのに、金沢―敦賀間の工事単価がほぼ倍というのは衝撃的だ。

理由は、人件費と資材費の高騰《こうとう》である。人件費増は人手不足を反映しているので、人口減少と無関係ではない。資材費の高騰は、円安と資源高を反映している。

今後、人口減少が進むにつれ、人手不足はさらに深刻化する。そのため人件費は下がらない。大幅な円高も望みにくく、資源高が収まる保証もない。したがって、資材費の下落《げらく》も見込みづらい。つまり、新幹線をはじめとした鉄道新線の建設は、物価という視点で見ると、今後、ハードルが高くなる。

実際、北陸新幹線の敦賀―新大阪間の延伸工事は、さらなる建設費高騰が見込まれている。同区間

は16年に「小浜《おばま》・京都ルート」で決定したが、当初2・1兆円と見積もられていた建設費が、3・4兆～3・9兆円に膨《ふく》らむことが明らかになった。3・9兆円とされる京都駅南北ルートの場合、1㎞あたり270億円で、金沢―敦賀間の倍近い額となる。

ほかにも、新線建設における事業費増が相次いでいる。埼玉高速鉄道線浦和美園《みその》―岩槻間の延伸計画では、建設費が当初試算した額の1・5倍程度に膨らむ見通しとなり、計画の再検討を迫られている。建設中の路線でも、北海道新幹線や大阪モノレール、広島県のアストラムラインの延伸事業で、それぞれ建設費の大幅増が明らかになっている。

人手不足は工期にも影響を及ぼしている。事業費増が明らかになった路線では、同時に開業時期も後ろ倒しになっている。

鉄道新線計画には、前述した人口減少による将来的な需要減の見通しに加え、物価高や人手不足が襲いかかってくる。これも、鉄道の未来を考えるうえで、重要な点であろう。

運転士不足で公共交通の支え手がいなくなる

福井駅前は、24年3月の北陸新幹線開業にあわせて整備された。駅前広場には、福井鉄道の路面電車が乗り入れて、郊外へと客を運んでくれる。新型の低床車《ていしょうしゃ》が路面電車乗り場に停まっている姿は、洗練された地方都市の雰囲気を醸《かも》し出している。

しかし、新幹線開業を前にした23年10月に、福井鉄道は列車を2割も減便した。理由は運転士不足である。当時のダイヤで運行に必要な運転士の数は28人。これに対し、減便を発表した8月の段階で21人しか確保できておらず、ダイヤの維持が不可能になったという。24年3月改正で数本を増発したが、減便前には戻っていない。

運転士不足による減便に追い込まれたのは、福井鉄道だけではない。長崎電気軌道や高知県のとさでん交通、愛媛県の伊予鉄道なども、運転士不足などを理由として、同じような時期に減便している。人手不足で運転士を雇用できず、雇ったとしても、より待遇のいい鉄道会社に転職してしまうのだという。運転士の取り合いが起こっているのである。

事態を重く見た国土交通省は、23年10月に、全国の鉄道事業者を対象に運転士不足の状況を調査した。その結果、地方鉄道140事業者のうち、半数の70事業者が運転士不足を訴えたという。過不足なしは19%、余裕ありは31%にとどまった。

これを受け、国土交通省では、運転士確保に向けた緊急会議を実施し、これまで20歳とされてきた運転士免許の取得年齢の引き下げなどの改革を打ち出した。しかし、それで問題が解決するかというと、難しそうだ。24年8月には、JR四国までが、運転士不足と利用者減少を理由とする減便を発表した(実施は9月)。

それでも運転士はまだマシなほうで、人手不足がより深刻なのは、保線要員だそうである。

JR北海道は、23年度に236人が自己都合で退職した。部門別の内訳《うちわけ》は、保線を含む工務・電気部門が113人で、運輸部門の62人や営業部門の52人に比べて多い。保線業務は夜間勤務や冬季の除雪作業などで仕事がハードなため、退職者が出やすいのだという。

ＪＲ東日本は、21年3月のダイヤ改正で、東京近郊区間の終電を30分程度繰り上げた。24年3月には、上越新幹線の終電を約20分繰り上げた。いずれも、深夜の保線作業の時間を拡大するためである。

烏山《からすやま》線では、23年11月に、日中時間帯に保線作業を実施し、作業中は列車を運休した。マクラギ交換や軌道整備といった大がかりな内容で、従来なら夜間におこなっていた作業だが、「作業員の労働環境改善のため」という理由で、日中に実施したのである。烏山線以外でも、保線を理由とする日中時間帯の運休は、ＪＲ各線でおこなわれるようになった。

少子化はとどまるところを知らない。23年の出生数は75万人である。20年前に比べ37万人、33％も減っている。現在でも貴重な新社会人は、20年後、さらに3割も減ることが確定しているのだ。40年における労働者不足は、国内全体で1100万人に達すると予測している調査もある。人口減少時代において、人材は奪い合いである。

鉄道業界は、運転士であれ、保線要員であれ、駅係員であれ、深夜・早朝勤務もある不規則な仕事である。それでも「選ばれる職場」であり続けるために、鉄道業界全体で「働き方改革」が求められている。結果として、利用者へ影響が及ぶのは避けられないだろう。

バリアフリー強化で鉄道は「より便利で安全な乗りもの」に

少子化が進行する一方、人口に対する高齢者の割合は高まり続けている。社人研の予測では、50年には人口の42%が65歳以上の高齢者となる。

本格的な高齢化時代を迎えて、公共交通機関を利用しやすくするために制定されたのがバリアフリー法（高齢者、障害者等の移動等の円滑化の促進に関する法律）である。同法に基づいて、移動等円滑化基準が定められ、『バリアフリー整備ガイドライン』が制定された。

駅施設にエレベーターが整備されたり、駅や車内にバリアフリートイレが設置されたりしているのは、こうした法令やガイドラインに基づくところが大きい。

なかでもエレベーターは、多くの鉄道利用者の関心事だ。バリアフリー法に基づく基本方針では、エレベーターやスロープ設置による段差解消について、利用者1日3000人以上の駅での整備を求めてきた。すでに90%以上達成されていて、最新の基本方針では、生活関連施設に位置づけられた2000人以上の駅を対象に追加した。

大規模な駅では、バリアフリールートの複数化も求めている。つまり、今後、駅のエレベーターは、より利用者の少ない駅でも設置され、利用者の多い駅では増設されていく。

ホームドアの設置も基本方針に記されている。費用がかさむため設置がなかなか進まないが、基本方針では、利用者数10万人以上を中心に優先度が高い駅での設置を推進している。22年度末で1060駅2484番線に設置済みだが、25年までに3000番線に拡大する目標が掲げられている。実現を後押しするために「鉄道駅バリアフリー料金制度」が創設された。

最近導入された通勤形車両では、全車両にフリースペースが確保され、車椅子やベビーカーなどが利用できる。吊手《つりて》は低位置にも設置されていて、縦《たて》の手すりも増えている。車両とホームの段差は小さくなり、ドアの開閉時にはメロディが鳴る。

これらも、高齢者や障がい者、子どもなどに配慮して、ガイドラインが整備を求めてきたものだ。今後新製される大都市圏の通勤車両では、同様の設備が設けられていくだろう。

バリアフリー法やガイドラインは、高齢者や体が不自由な人向けに定められた制度と考えている人も多い。しかし実際は、子どもや荷物の多い旅行者などを含めて、すべての利用者が対象になりうる。とくにエレベーターは、元気な若者も含め、幅広い人が使っている。車両ドアの開閉音を無意識に活用している人も多いだろう。ホームドアはすべての利用者の安全を高める。つまり、バリアフリー化で恩恵を受けるのは利用者全員である。

昭和時代を振り返れば、鉄道駅は階段だらけで、ホームと列車のあいだには広い隙間《すきま》があり、車両の乗降口の段差も珍しくなかった。それに比べると、バリアフリーの広がりで、令和時代の鉄道は格段に便利で安全になった。

これから、人口の半分近くが高齢者になる。鉄道もより多くの人が利用しやすいかたちで進化していくことが求められている。

インバウンドという「救世主」をどう取り込むか？

ＪＲ成田空港駅の改札前には訪日客向けの旅行センターがあり、飛行機の到着が集中する時間に長い行列ができている。母国で予約したジャパンレールパス（外国人向けＪＲ線フリーきっぷ）を受けとって、日本国内の新幹線や特急の予約を済ませようとしている外国人旅行者たちだ。

近年の訪日外国人旅行者数の増加ぶりには目を見はるものがある。政府がいわゆる「観光立国宣言」をした03年に５２１万人だったのが、19年には３１８８万人に達した。コロナ禍でいったん落ち込んだものの、収束後は円安を追い風にみるみる回復し、23年は２５０７万人にまで戻った。

政府は、30年に訪日外国人旅行者数を年間６０００万人にする目標を掲げている。ざっくりいうと、19年の倍である。その19年の外国人延べ宿泊者数は1億１５６６万人だったので、１日あたり約32万人が日本に滞在している計算になる。目標が達成されれば、倍の1日約60万人が滞在する。地方中核都市がひとつできるほどの数である。

しかも、旅行者はお金を使う。とくに、交通機関にはお金を使う。観光庁の訪日外国人消費動向調査によれば、訪日外国人の約80％が国内交通手段として鉄道・モノレールを利用している。航空機は約３％、バスは約10％なので、比べると鉄道利用率は圧倒的に高い。

外国人旅行者は近郊電車に数百円を払うのだけでなく、新幹線や特急にも乗ってくれる。同調査では、約25％が新幹線を利用している。ジャパンレールパスを使ったとしても7日間7万円なので、1日1万円を支出してくれる計算だ。

したがって、鉄道会社にとって外国人旅行者は上客《じょうきゃく》に違いない。その上客が、どんどん海外から押し寄せるのであるから、ありがたい話であろう。

もっとも恩恵を受けているのは、ＪＲ東海である。同社は23年度決算でインバウンド収入を８１０億円と公表した。次いでＪＲ東日本が３８５億円、ＪＲ西日本が３５５億円、ＪＲ九州が50億円、ＪＲ北海道が27億円である（ＪＲ四国は未公表）。

合計すると、ＪＲ各社で、年間のインバウンド収入が１６００億円を超える規模に達していることがわかる。１６００億円というのは、ＪＲ九州の年間の鉄道旅客運輸収入に匹敵する。ＪＲ九州がひとつできるほどの鉄道旅行需要を、訪日外国人旅行者が生み出しているのだ。

訪日外国人消費動向調査によれば、これまでのところ、訪日客の消費額の８割が三大都市圏に集中している。そのため、インバウンドの恩恵には偏《かたよ》りがあり、鉄道会社では、三大都市圏をつなぐＪＲ東海が一人勝ちの様相《ようそう》を見せている。

こうした状況を受け、政府は、訪日外国人旅行者の地方訪問を促す政策を強化し始めた。となれば、今後、インバウンドは地方に広がっていくことが期待される。人口減少に直面する地方の鉄道会社にとって、かけがえのない救世主になりそうで、どう取り込むかが課題となるだろう。

未来の鉄道に求められる「ユニバーサルデザイン化」

訪日外国人旅行者が増えるにつれ、その受け入れ環境が問題になってきた。鉄道にかかわることでいえば、きっぷを買いにくい、英語の案内が少ない、荷物置き場が小さい、洋式トイレが少ない、といったことなどである。

そこで、18年に国際観光振興法が定められ、公共交通事業者に対し、「外国人観光旅客の利便を増進するために必要な措置《そち》」の実施が努力義務とされた。これを踏まえて、『公共交通機関における外国人観光旅客利便増進措置ガイドライン』が制定されている。

ガイドラインが求める内容は多岐にわたる。ざっと挙げてみると、外国語による十分な情報提供、路線ナンバリングの整備、Wi-Fi環境の整備、洋式水洗トイレの設置、クレジットカード支払可能な券売機の設置、交通系ＩＣカード利用環境の整備、車内荷物置き場の設置、外国人が利用できるインターネット予約環境の整備、外国人観光旅客のニーズを考慮した企画乗車券の造成、「手ぶら観光」サービスの提供、自転車利用者への対応、観光案内所の整備、礼拝室の設置などである。

近年、新幹線や特急列車に乗ると、ここに挙げた設備やサービスが整えられつつあることに気づかされる。

たとえば、東海道新幹線では、ながらく大型荷物を置く場所がなかったが、20年から、最後尾座席の後ろを荷物置き場に指定したほか、デッキにも荷物置き場を設置するようになった。東海道新幹線で、こうした環境が急速に整備された背景として、インバウンドの急増とガイドラインの制定があったというわけだ。

東海道新幹線の変化でいえば、新型車両では、11号車の車椅子スペースが拡大され、これまで2名分だったところ、最大6名の車椅子利用者が同時に乗車できるようになった。これは、前出の『バリアフリー整備ガイドライン』の20年度改訂に対応したものである。障がいのある利用者が、一般利用者と同様に、グループで快適に乗車できるようにするのが目的だそうだ。

こうした変化は、これからの鉄道のあるべき姿を示している。ひと言で表現すれば、「ユニバーサルデザイン化」である。外国人、高齢者、子ども、障がい者などを含む、すべての人が利用しやすい環境を整える取り組みである。

ユニバーサルデザイン化の対象は車両だけではない。駅設備を含めた広い範囲が対象になる。幅の広い自動改札機、スロープ、大型エレベーター、バリアフリートイレ、冷暖房完備の待合室、わかりやすい駅番号、多言語案内表示などである。

人口増加時には、大勢の利用者を捌《さば》くため、東海道新幹線や首都圏各線のような混雑路線は、輸送力という「量」を追い求めざるを得なかった。

しかし、日本の人口がピークを越えたこともあり、その段階は終わりつつある。新たな段階として、急増する高齢者や外国人旅行者を含む多様な利用者層が使いやすくなるような、「質」の改善に重点を置く時代が訪れている。ユニバーサルデザイン化はその指針といえる。

26年度には、東海道・山陽新幹線の一部編成で個室グリーン車が導入される。客席の個室化が進められるわけだ。富裕層やＶＩＰが主なターゲットのようだが、より多様な需要に対応するという点で、ユニバーサルデザインに通ずる側面もあるだろう。

日本の鉄道は、いま、多様性に対応する、世界標準の高品質な輸送機関に変化しつつある。見方を変えると、多くの人にとって、これから鉄道はもっと使いやすくなる。そう受けとめると、人口減少時代においても、日本の鉄道の未来は明るいのではないだろうか。

2章

東京圏の鉄道の未来

ＪＲ羽田空港アクセス線、2つのルートが開業へ――【2031年度】

羽田空港は首都圏の玄関口となる大空港だが、東京都心や千葉、埼玉方面へのアクセスには難がある。京浜急行や東京モノレールといった鉄軌道路線があるものの、品川駅や浜松町駅などで乗り換えなければならないし、着席サービスもない。その課題を一気に解決する鉄道新線の建設が進められている、ＪＲ羽田空港アクセス線である。

羽田空港アクセス線は、羽田空港駅と都心を結ぶＪＲ東日本の新路線だ。羽田空港駅から東京貨物ターミナルまで5・0㎞の「アクセス新線」を建設する。そこから田町駅付近への「東山手ルート」、大井町駅付近への「西山手ルート」、東京テレポート駅付近への「臨海部ルート」の3ルートをつくり、都心や周辺地域と羽田空港を直結する計画だ。答申198号が掲《かか》げる「航空・新幹線との連携強化」を体現する大型新線である。

手はじめに建設が進められることになったのは東山手ルートで、アクセス新線とあわせた総延長は12・4㎞。羽田空港から東京貨物ターミナルを経て、田町駅付近で上野東京ラインに合流する。途中駅はない。

完成すれば、上野東京ラインの列車が羽田空港に乗り入れ、羽田空港―東京間が18分で結ばれる。そのまま大宮方面にも直通する。

羽田空港アクセス線計画ルート

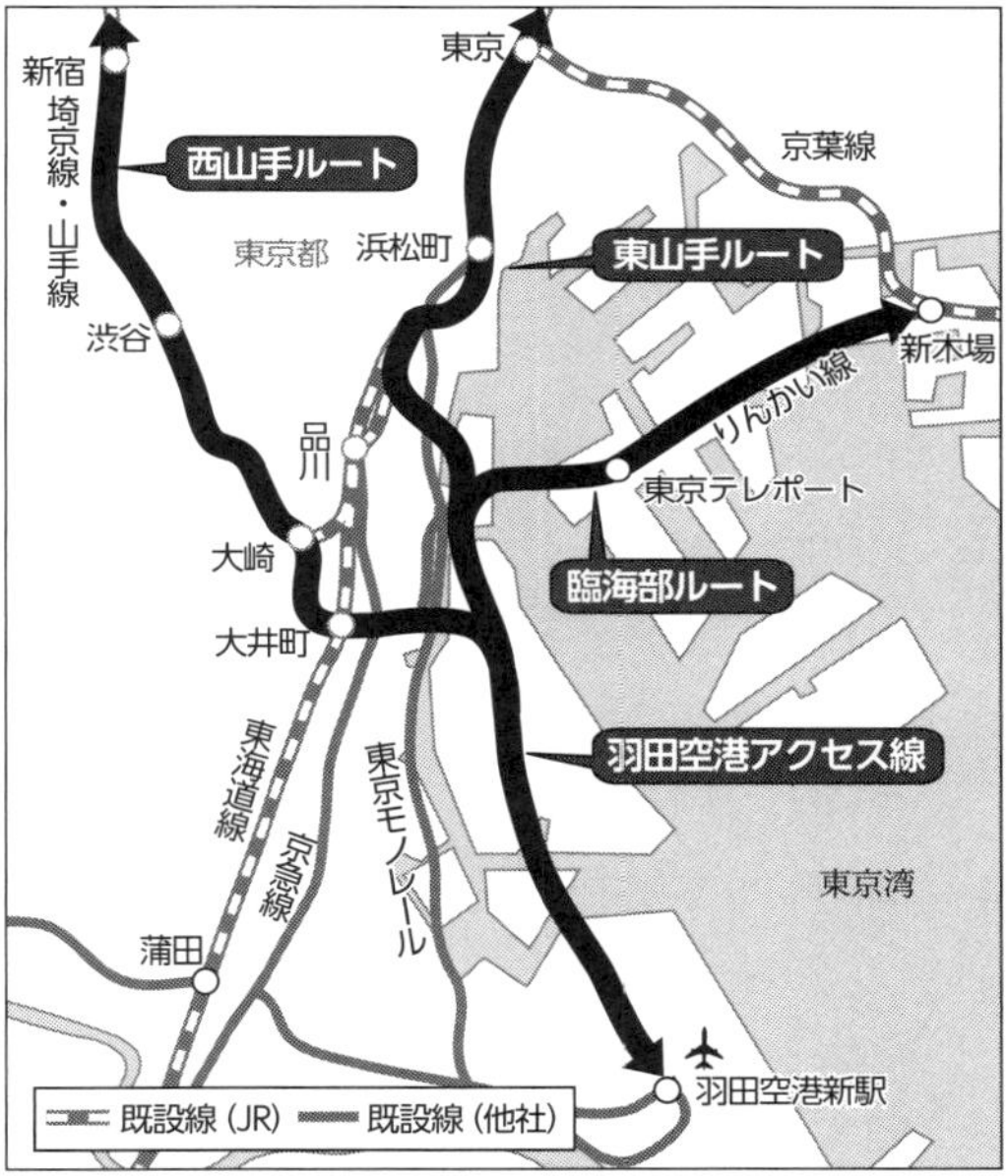

＊JR東日本グループ経営ビジョン「変革2027」を参考に作成

羽田空港駅は1面2線の島式ホームで、グリーン車併結《へいけつ》の上野東京ラインの15両編成が乗り入れられる長さがある。改札口は地下1階で、ターミナル間通路と同じ平面に設置される。列車を降りてから第2ターミナルの地下まで、高低差のないバリアフリー構造となる。

羽田空港アクセス線東山手ルートの運転本数は1日144本が想定されている。片道あたり72本で、計算するとおおむね15分間隔である。上野東京ラインには、宇都宮線、高崎線、常磐線の3系統があるが、どの系統がどれだけ乗り入れるのかは未発表だ。

23年6月2日に起工式をおこない、本格的な工事に着手した。総事業費は2800億円、開業目標は31年度である。開業すれば、たとえば羽田空港に着いた海外旅行客は、グリーン車でゆったりと東京駅へ移動できる。

東山手ルートと同時期開業を目指しているのが、臨海部ルートである。東京貨物ターミナル付近で東山手ルートから分かれ、りんかい線に乗り入れて、東京テレポートや新木場方面に向かう路線だ。

羽田空港アクセス線は、りんかい線の八潮《やしお》車両基地の横を走るので、渡り線を設けて車庫線とつなげれば、そのまま りんかい線へ直通できる。臨海部ルートが開業すれば、羽田空港―新木場間が約20分で結ばれる。りんかい線と同じ10両編成の列車が走るだろう。

りんかい線はJR京葉線とも線路がつながっているので、羽田空港駅から舞浜《まいはま》駅や海浜《かいひん》幕張駅まで直通することも、設備としては可能である。ただ、JR線のあいだにりんかい線を挟《はさ》むと、りんかい線の運賃を収受《しゅうじゅ》するのが難しくなる。そのため、京葉線直通列車を設定するには、りんかい線を運営する東京臨海高速鉄道をJR東日本が買収するか、特別な運賃分配ルールを策定する必要がありそうだ。

西山手ルートは、東京貨物ターミナルから新たなトンネルを掘って、大井町付近の地下でりんかい線と接続し、埼京線方面に乗り入れる計画である。開業すれば、埼京線の列車が羽田空港まで乗り入れて、新宿駅と羽田空港駅が約23分で結ばれる。

ただし、臨海部ルートと違って工事に手がかかりそうで、事業費も高額が見込まれる。したがって、開業時期も見通すことができない。東山手ルート開業後すぐに着工しても、おそらく40年代になるだろう。

なお、東山手ルートで途中駅はないと書いたが、沿線の品川区は駅設置に向けた調査を実施している。具体的な計画は明らかになっていないが、23年に策定された『品川区まちづくりマスタープラン』によれば、東京貨物ターミナル付近を「鉄道車両基地エリア」と定め、新駅の検討をしているようだ。

新駅設置とあわせて鉄道用地の土地利用転換も視野に入れており、大規模な再開発がおこなわれる可能性もある。

京急は品川駅大リニューアルでJRを迎え撃つ——【2029年度】

JR羽田空港アクセス線の最大のライバルと目《もく》されるのは、京浜急行電鉄である。品川—羽田空港間に約10分間隔で列車を運転しており、現在の羽田空港アクセスの主役といえる。

JRの開業を31年度に控え、迎え撃つ京急も空港アクセスを増強する準備を進めている。都心側のターミナルである品川駅と、空港側のターミナルである羽田空港第1・第2ターミナル駅のそれぞれで、大規模な改良工事に着手したのである。

羽田空港第1・第2ターミナル駅では、引上《ひきあげ》線を建設する工事の真っ最中だ。同駅は島式ホーム1面2線で、線路はホーム端で途切れているが、300mほど先へ延ばし、車両を留置できるようにする。

これにより、到着列車のホームでの停車時間を減らせることから、毎時3本の増発が可能になるという。

品川駅の地平化イメージ

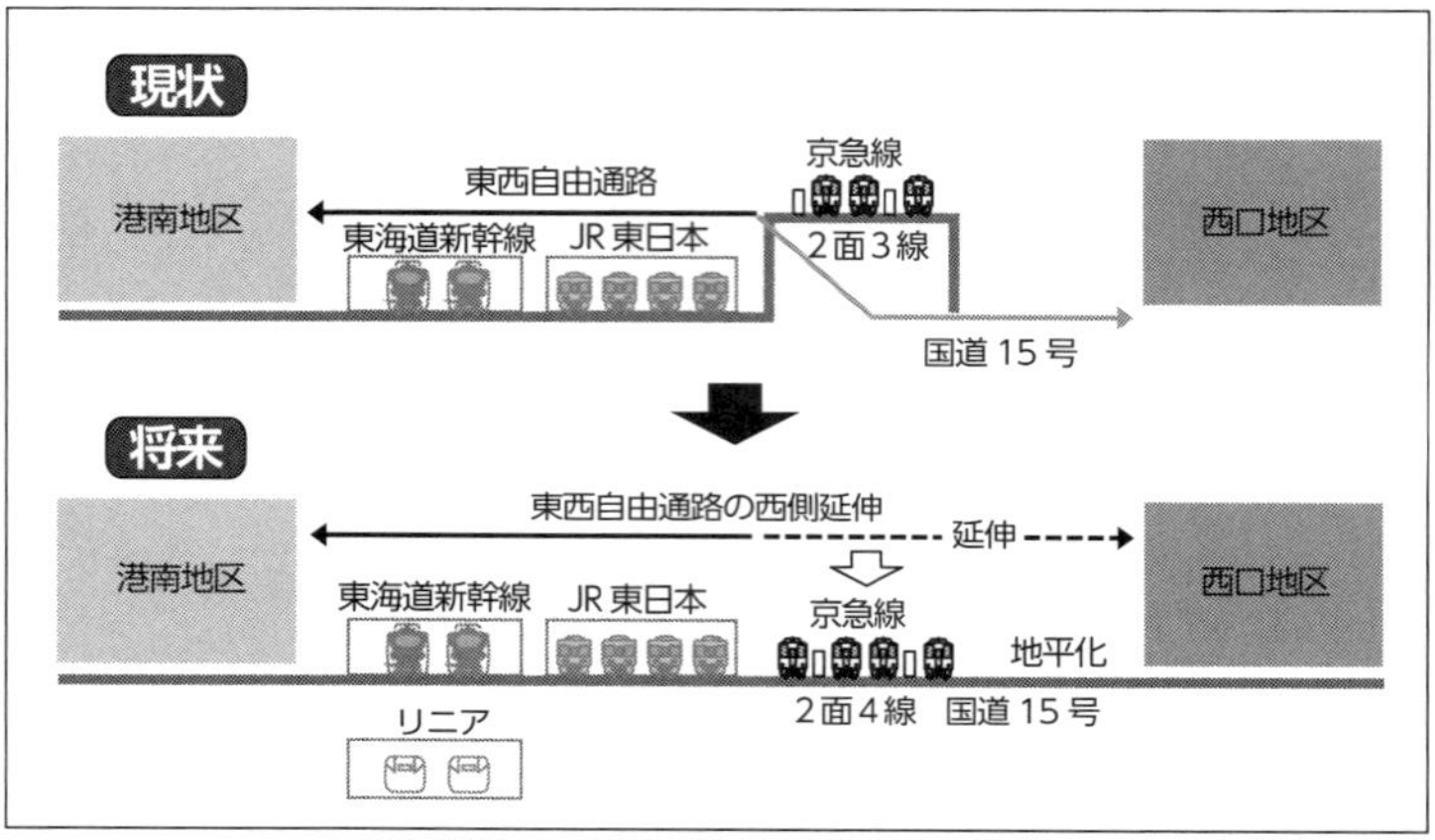

＊京急電鉄「2024年度設備投資計画の詳細について」を参考に作成

品川駅の工事はもっと大がかりだ。現在の高架駅をＪＲ山手線ホーム横の地平に移設する。完成すれば、ＪＲと京急のホームが同一平面に並ぶ。

移設にあわせて、京急品川駅は現状の2面3線から2面4線に拡充される。現状は3線といっても、3番線が都心方面につながっていないのでほとんど活用されておらず、実質的には2面2線で運用されている。ホーム移設後は2面4線が両方向につながるので、ダイヤを柔軟に組めるようになる。

京急品川駅の地平化は、泉岳寺駅―新馬場《しんばんば》駅間の連続立体交差事業の一環としておこなわれている。ホームの地平化は27年頃で、事業全体の完了予定は29年度である。

京急は、30年までに品川、羽田空港の両ターミナル駅の改良工事を終わらせ、31年度のＪＲ羽田空港アクセス線開業を迎え撃つ。

30年前後に、羽田空港アクセスは、その姿を大きく変えそうだ。

羽田空港アクセスの伏兵「新空港線」が誕生――【2030年代後半】

羽田空港アクセスでは、もうひとつ、短いが重要な路線が誕生しそうだ。新空港線である。東急・JR蒲田駅と京急蒲田駅を結ぶので、「蒲蒲《かまかま》線」とも呼ばれている。

京急蒲田駅は京急空港線の起点で、羽田空港行きの列車が頻発《ひんぱつ》している。ただし、東急・JRの蒲田駅からは800m離れている。そのため、東急やJR利用者が羽田空港に行く際には、この800mを歩くか、蒲田駅からバスに乗るか、あるいは品川駅か川崎駅まで行って京急線に乗り換えなければならない。新空港線はこの不便を解消するための路線である。

東急蒲田駅には池上線と東急多摩川線が乗り入れているが、計画では多摩川線を矢口渡《やぐちのわたし》駅付近から地下に移設して、東急蒲田駅を経て京急蒲田駅方面に延伸する。距離は1・7km。22年6月に、東京都と大田区が建設費負担割合などで合意し、着工に向け動き出した。

新空港線が京急蒲田駅まで開通すると、多摩川―羽田空港間は29分で結ばれる。ただし、京急蒲田駅で乗り換えが必要だ。新空港線の京急蒲田駅は地下ホームで、京急のホームは高架上なので、乗り換えに時間がかかる。その時間は6分20秒と見積もられている。

開業時の新空港線の運行形態は明らかにされていない。普通に考えれば、多摩川―東急蒲田間で

「新空港線」第１期整備のイメージ

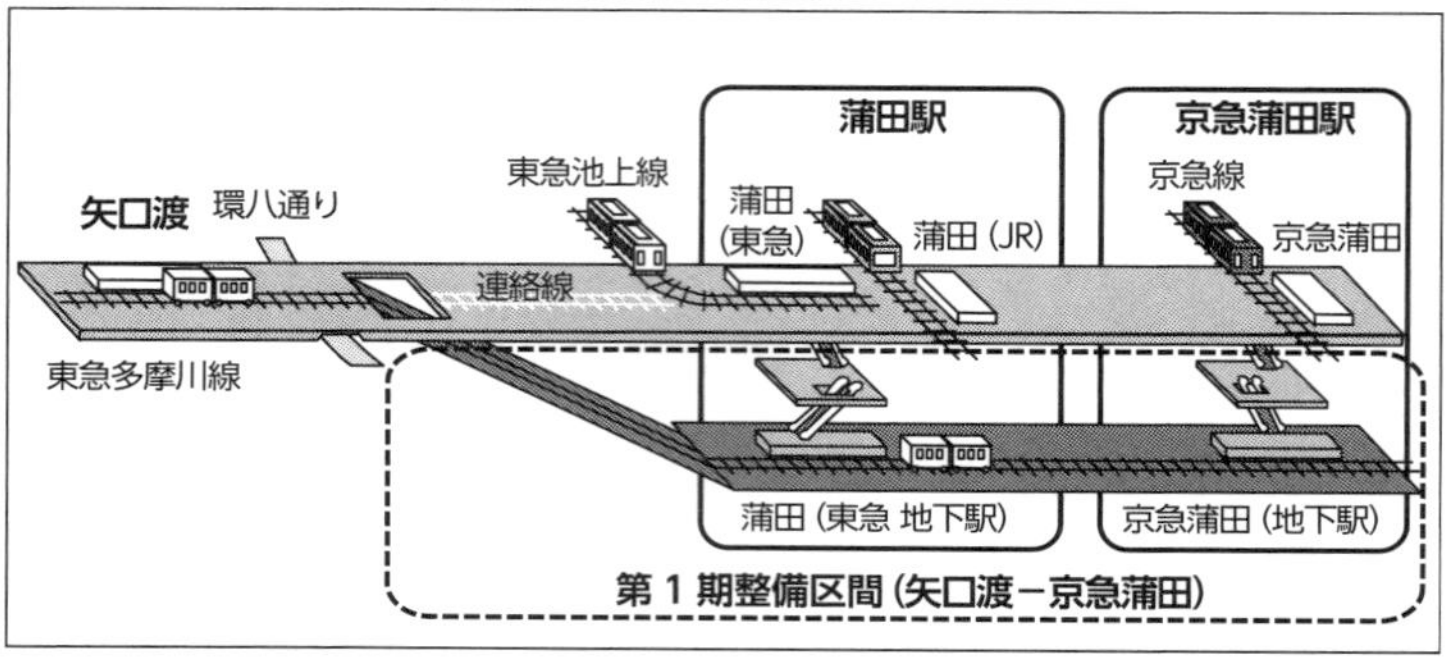

＊大田区の資料を参考に作成

運転されている東急多摩川線の各駅停車が、そのまま京急蒲田駅まで延伸するだけであろう。

東急多摩川線は東横線と線路がつながっているので、直通運転への期待もある。しかし、多摩川線各駅が最大４両編成対応のホームしか備えていないうえに、東横線の線路容量の問題もあり、実現は難しそうだ。

それでも新空港線は、東急沿線から羽田空港へ向かう場合のメインルートになりうる。東急沿線と京急沿線を結ぶ通勤・通学ルートとしても機能するため、整備効果は小さくない。

整備主体は、第三セクターの羽田エアポートラインが担《にな》う。営業主体は東急となる予定。そのため利用者から見れば、東急多摩川線の京急蒲田延伸というかたちになる。

ただし、東急多摩川線の終点が「京急蒲田駅」というのもややこしいので、駅名は「新蒲田」などとされる可能性もありそうだ。

開業目標は未定だが、大田区によれば、都市計画決定などの手続きに３年、工期10年はかかる。事業化決定が22年なので、計算すると、開業は早くても35年となる。現実的には30年代後半以降だろうか。総事業費は1360億円で、1日5・7万人の利用者数を見込む。

新空港線は京急蒲田駅までで完成ではなく、さらに京急の大鳥居《おおとりい》駅に至り、京急線と直通運転する構想もある。「矢口渡―東急蒲田―京急蒲田」が第1期という位置づけで、「京急蒲田―大鳥居」が第2期である。

第2期建設のメドは立っていない。第2期では東急と京急の直通運転を目指しているが、両社は軌間（線路幅）が異なるので、実現するためには、東急か京急のどちらかを改軌《かいき》するか、フリーゲージトレイン（軌間可変列車）を導入する必要がある。現時点では、どちらも実現の見通しは立っていない。

成田空港の旅客ターミナル再編で新駅設置へ――【2030年代前半】

成田空港には、ＪＲ成田線と京成本線、同成田スカイアクセス線（成田空港線）、同東成田線、芝《しば》山《やま》鉄道線の5路線が乗り入れている。

駅は成田空港駅と空港第2ビル駅、東成田駅の3つである。ＪＲと京成本線、スカイアクセス線が乗り入れているのが成田空港駅と空港第2ビル駅。東成田線と芝山鉄道線が乗り入れているのが東成田駅である。

「成田空港新駅」構想

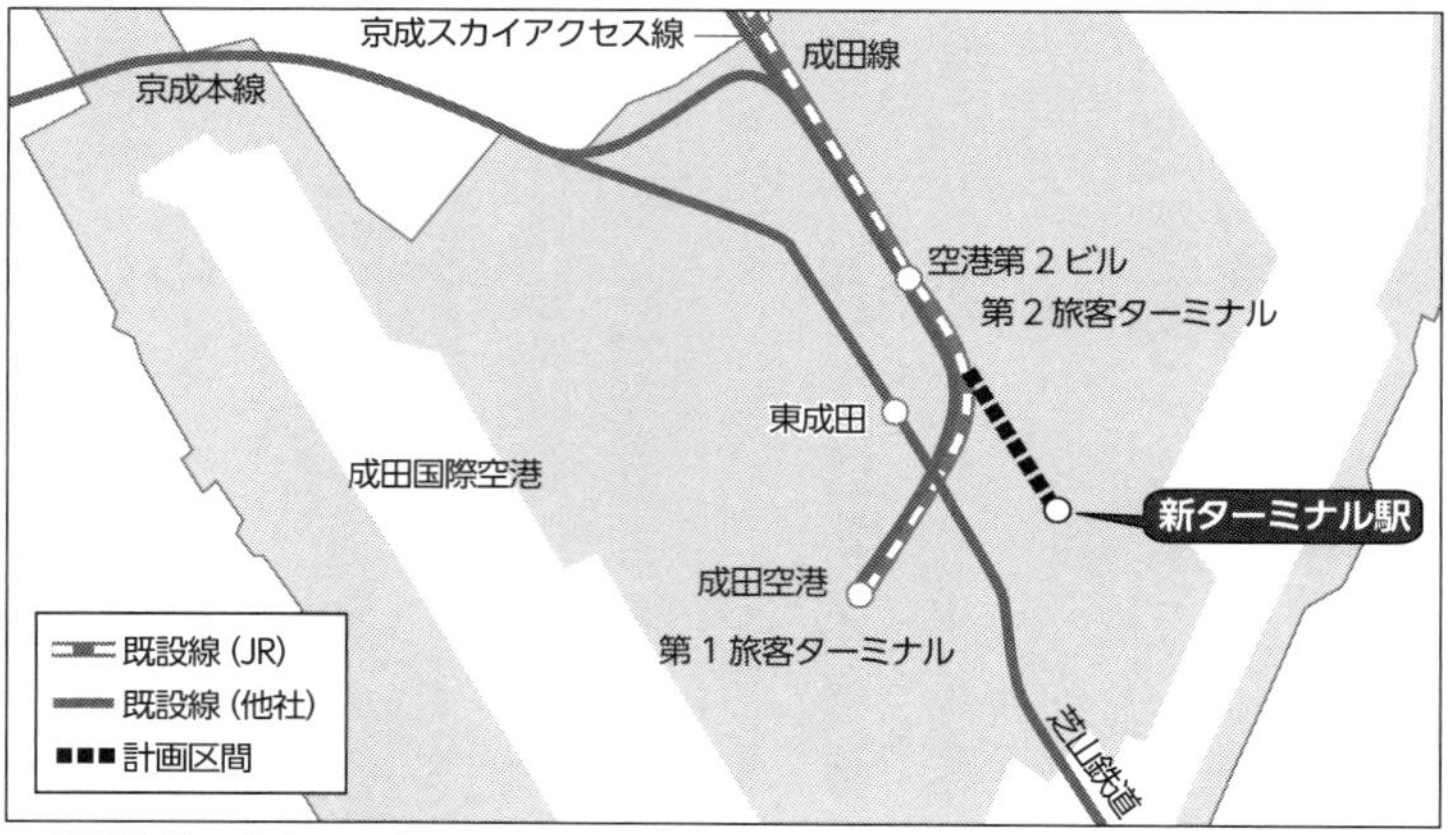

※新駅位置は筆者の予想

京成本線と東成田線は全線複線だが、スカイアクセス線とＪＲ成田線には単線区間があり、芝山鉄道は全線単線である。

ひとつの空港に5路線3駅があり、単複入り交じる配線。なぜこんなややこしいことになっているのか。ざっくり書くと、東京—成田空港間には成田新幹線を建設する計画だったが、頓挫《とんざ》してしまい、新幹線用に用意された設備をＪＲと京成で分け合った結果、いずれも中途半端な状況になってしまった、ということである。おかげでＪＲも京成もダイヤ作成の制約が多く、増発にも限りがある状況となっている。

こうした問題を一気に解決する方法として浮上しているのが、成田空港新駅構想だ。といっても、鉄道駅だけを新駅にするという話ではない。成田空港に滑走路を延伸・増設して発着回数を増やす計画があり、利用者の大幅な増加が見込まれるため、空港ターミナル全体を駅も含めて作り直そうという構想である。

『新しい成田空港』構想検討会のとりまとめによれば、現在3つある空港ターミナルをひとつに集約し、それにあわせて駅も作り直す。

新ターミナルの位置は第2ターミナルの南側が想定されている。とりまとめは、JR成田線や京成スカイアクセス線の複線化の必要性も指摘した。成田空港の利用者が想定どおりに増えるのであれば、列車の増発が不可欠だからだ。

「成田空港新駅」は、現在の空港3駅のうち、成田空港駅と空港第2ビル駅を統合するようだ。詳細は明らかにされていないので、筆者の予想を書くと、京成ホームは2面4線となり、本線とスカイアクセス線でホームが分けられるだろう。京成東成田駅も統合するのかは定かではないが、統合するなら芝山鉄道の線路も作り直さなければならず、京成・芝山用にさらに1面2線のホームが必要になりそうだ。JRは1面2線のホームでも当面は捌《さば》きされるだろうが、余裕を見るなら2面4線が望ましい。

複線化は巨費がかかるので、実現するかは不透明である。実現すれば、JR、京成とも列車の増発が可能になり、成田空港アクセスは、より便利になりそうだ。

検討会によれば、成田空港の新ターミナルは段階的に整備する方針で、最初の開業は30年代前半を予定している。新駅もこのとき開業し、現在の成田空港駅は閉鎖される。

空港第2ビル駅はしばらく残るが、新ターミナルが全面開業となる30年代後半に、最終的に新駅に統合というかたちで廃止となりそうだ。

東京メトロ南北線の品川延伸が持つ意味とは——【2030年代半ば】

品川駅は東京の南の玄関口ともいえるターミナルだが、山手線内に向かう地下鉄が存在しないのが弱点だ。

その弱点が、ようやく克服される。東京メトロ南北線の品川延伸が決定したからだ。

メトロ南北線は、目黒—赤羽岩淵《いわぶち》間21・3㎞を結ぶ路線である。目黒—白金高輪《しろかねたかなわ》間は都営三田線と線路を共用している。そのため、赤羽岩淵方面からの列車は、白金高輪駅で半数が折り返す。同様に、三田線の列車も半数が白金高輪駅折り返しだ。

南北線品川延伸計画は、この折り返し列車を乗り入れさせる計画である。建設区間は白金高輪—品川間2・8㎞だ。

白金高輪駅は2面4線で、内側の2線が目黒方面に延びて留置線となっている。この留置線を品川駅まで延伸する。品川駅では南北方向に1面2線のホームを設置する。

開業後の運転計画は、毎時最大上下各12本。つまり、ラッシュ時に5分間隔の運転だ。終日で上下各195本を運転する。新線区間の所要時間は4分程度で、六本木一丁目—品川間の所要時間は9分となる。永田町—品川間なら13分程度だろう。

品川発着のすべての列車がメトロ南北線（麻布十番《あざぶじゅうばん》方面）または都営三田線（三田方面）と直通運

東京メトロ南北線延伸計画ルート

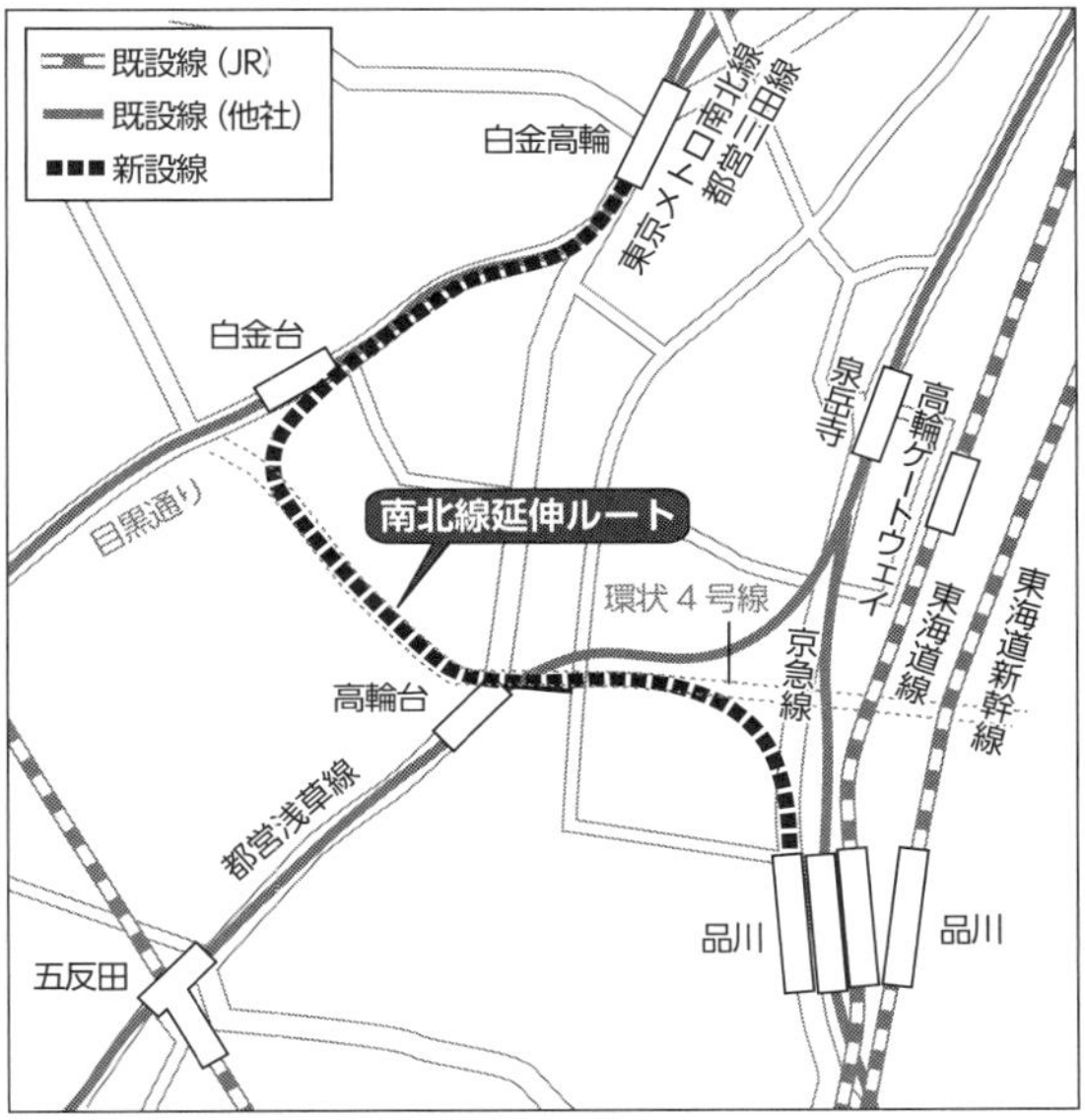

転をする。直通方向は両線に半数ずつを基本とするようなので、日中時間帯は南北線方面、三田線方面がそれぞれ毎時4本になりそうだ。

工事期間は約10年を見込む。開業予定は明確ではないが、工事が順調に進んだとして30年代半《なか》ばになる。総事業費は1310億円で、1日15万人の利用者を見込む。

開業すれば、メトロ南北線や都営三田線沿線から品川駅へのアクセスが便利になる。それだけでなく、東京メトロの地下鉄ネットワークが品川駅に直結することの意味は大きい。

東京メトロ有楽町線の住吉延伸で利便性が向上——【2030年代半ば】

東京メトロ有楽町線の豊洲《とよす》駅は2面4線のホームを備えている。都内の地下鉄駅で2面4線は珍しい。

ところが、中央の2線に仮設板が渡されて、埋められた状態になっている。おかげで豊洲駅のホームは広々としているが、どこか間延《まの》びした印象も受ける。

なぜ豊洲駅は2面4線で作られたか。よく知られているとおり、ここから地下鉄を分岐する新線計画があるからだ。

路線名を「東京8号線」という。といっても、「東京8号線」は有楽町線全体を指す名称で、豊洲駅から分岐するのは有楽町線の支線という位置づけだ。

豊洲駅で分岐した支線は、東陽町《とうようちょう》駅で東西線と交差し、そのまま北上して住吉《すみよし》駅が終点となる。豊洲―住吉間を結ぶので「豊住線《とよすみ》」とも呼ばれる。本書でもわかりやすさのため、同区間については、以下で「豊住線」の名称を用い、新木場―和光市《わこうし》間を「有楽町線」と呼ぶ。

豊洲―住吉間は5・2㎞。途中、枝川、東陽町、千石の3駅を設置する。ホームは10両編成対応で、現在の有楽町線車両がそのまま乗り入れられる。

豊洲駅は仮設板で埋められている中央2線を復活し、さらに1番ホーム（新木場行き）の反対側に新ホームを設ける。復活する中央2線が豊住線ホームとなる予定だ。一方、住吉駅には、半蔵門線の上下2層式の2面4線ホームがある。現在は上下各1線が留置線になっているが、これを豊住線ホームとする。

運行本数は、ピーク時が毎時12本、オフピーク時は毎時8本を基本とする。つまり、日中は7・

「豊住線」計画ルート

＊江東区ホームページを参考に作成

５分間隔である。有楽町線は日中６分間隔、半蔵門線は同５分間隔なので、それより少ない。

運行形態は、豊住線内の折り返し列車と、有楽町線に乗り入れる列車を設定する。割合などは未定だが、19年の『東京圏における国際競争力強化に資する鉄道ネットワークに関する調査』では、毎時４本を市ケ谷方面に直通すると仮定している。

一方、押上方面については、現時点で半蔵門線に乗り入れる列車は予定されていない。

豊洲—住吉間の所要時間は約９分である。総事業費は２６９０億円。１日30・３万人の利用者を予測している。開業予定は30年代半ばである。

「東京8号線」延伸という大構想、今後どうなる？——【時期未定】

「東京8号線」は有楽町線を指す路線名称で、豊住線はその一部である。そして東京8号線は、豊住線で終わりではない。もっと延伸する構想がある。

どこまで延ばす計画があるかというと、千葉県野田市である。構想だけなら、さらに茨城県下妻《しもつま》市まで延ばす案もある。

00年に公表された答申18号では、東京8号線は「豊洲—東陽町—住吉—押上《おしあげ》—四ツ木—亀有—野田市」が延伸区間とされている。このうち、豊洲—住吉間は、前項のとおり事業着手にこぎ着けた。住吉—押上間は半蔵門線との共用で03年に開業している。残るは「押上—野田市」である。

この区間は、建設促進運動の動きから、3つに分けられる。「押上—亀有」「亀有—八潮《やしお》」「八潮—野田市」である。

「押上—亀有」は、半蔵門線（東京11号線）の「押上—松戸」延伸計画とセットで建設運動がおこなわれている。豊住線を押上駅経由で亀有駅まで延ばし、半蔵門線を押上駅から松戸駅まで延ばす構想だ。

完成すれば、豊住線は「豊洲—亀有」という系統になる。半蔵門線は「渋谷—松戸」で、押上駅で東武スカイツリーラインへ直通する系統が分岐する。

「亀有―八潮」は、亀有駅まで到達した豊住線をさらに八潮駅まで延ばす計画である。途中駅は、中川公園付近と六木《むつぎ》二丁目付近のふたつ。八潮駅でつくばエクスプレス（ＴＸ）に接続する。

「八潮―野田市」は、八潮駅から越谷《こしがや》レイクタウン駅などを経由して、東武アーバンパークラインの野田市駅に至る。八潮駅からＴＸに乗り入れて、都心へ直通する構想もある。その場合、秋葉原―野田市間の所要時間が33分となり、現状の51分から大きく短縮される。

こうなると、「東京8号線」とはいうものの、豊住線延伸ではなく、「つくばエクスプレス野田支線」という位置づけになろう。

野田市からさらに先へと延ばし、関東鉄道常総線の大宝《だいほう》駅（下妻市）に接続する構想もある。実現すれば、鉄道空白地帯の坂東《ばんどう》市や八千代《やちよ》町に駅が

「東京8号線」延伸計画ルート

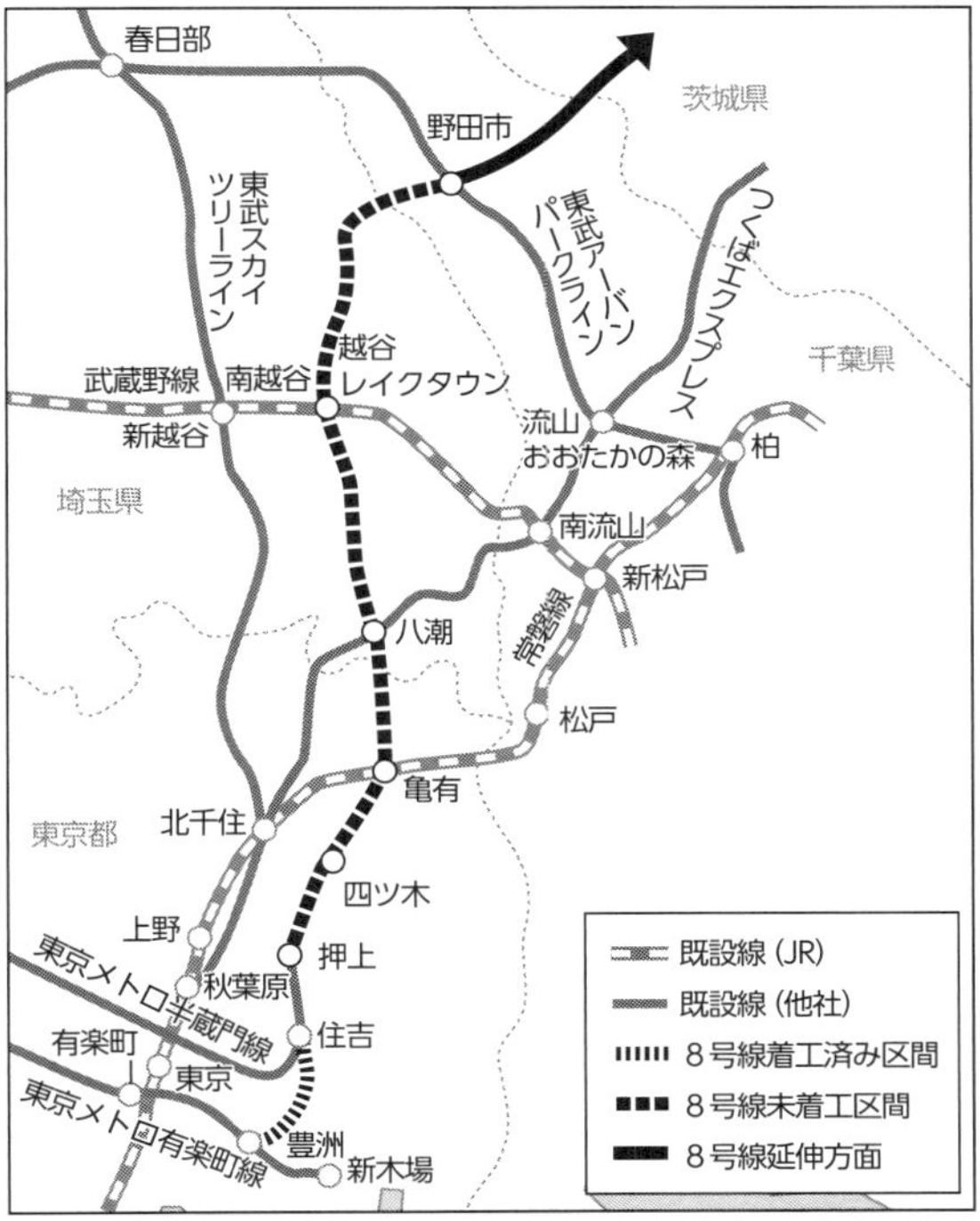

＊「高速鉄道東京8号線事業化検討調査報告書」を参考に作成

できる。

念のために書くが、これらはすべて計画・構想段階の話である。どこまで実現するかは、現時点では定かでない。

8号線「押上―亀有」「亀有―八潮」、11号線「押上―松戸」については、地下鉄のない葛飾区などが早期の事業化を目指す姿勢を見せている。ただし、豊住線が開業してから議論になる区間なので、実現へ向けた動きが出るとしても、相当先の話である。

鉄道空白地帯を埋めるという観点で見ると、建設する意味が大きいのは「八潮―野田市」だろう。その本命はTX直通であり、豊住線・有楽町線乗り入れではない。したがって、豊住線の開業を待たずに計画を進められる。

野田市の試算によれば、八潮―野田市18㎞の概算建設費は、TX直通パターンで2800億円。想定輸送人員は1日8・8万人で、費用便益比は1・5と試算されている。累積資金収支予測は34年目の黒字転換の見通しだ。鉄道新線の調査結果としては良好な数字で、将来的な事業化の可能性はありそうだ。

つくばエクスプレスは双方向で延伸を目指す――【時期未定】

つくばエクスプレス（TX）の現在の開通区間は、秋葉原―つくば間58・3㎞である。最初の計

つくばエクスプレス延伸計画ルート

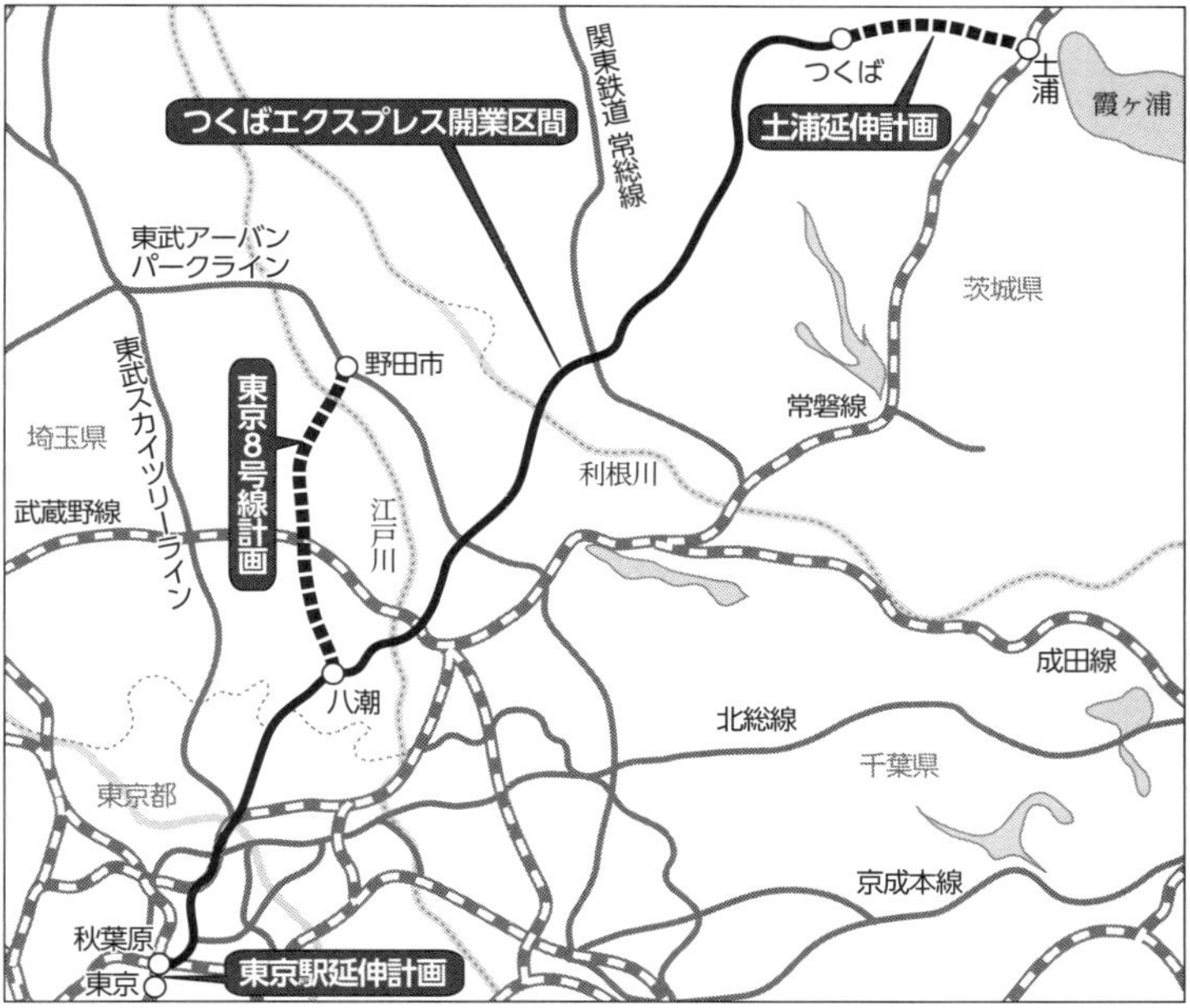

画段階では「常磐《じょうばん》新線」と呼ばれ、都心側の起点は新東京駅とされていた。

しかし、そこまで作ると建設費がかかりすぎるため、秋葉原を起点として建設し、現在に至っている。新東京—秋葉原間の計画は現在も残っていて、未開業区間という位置づけだ。

これまでの計画で、TXの新東京駅は丸の内仲通り地下が想定されてきた。東京メトロ丸ノ内線東京駅と都営三田線大手町駅の中間付近である。16年の調査では、新東京—秋葉原間の建設費用は1400億円と試算された。

ところが、新東京—秋葉原間の建設計画は、まったく動かなかった。建設費が高額なだけでなく、作ったとしても新東京駅の位置がJR線との乗り換えには不便で、利用者の数が伸び悩むのではないかという懸念《けねん》が示されていたからだ。

そこで新たに浮上したのが、都心部・臨海地域地下鉄（臨海地下鉄）との直通構想である。臨海地下鉄については次項で紹介するが、直通することで東京駅を両線で共用すれば、建設費を分担できる。臨海地下鉄の東京駅位置は八重洲《やえす》口を想定している。おそらくは呉服橋《ごふくばし》交差点付近で、そこにTXも乗り入れる。完成時期は見通せないが、臨海地下鉄と同時期に開業するなら、40年頃がメドとなる。

TXには、終点・つくばから先への延伸計画もある。23年に茨城県が、土浦延伸を目指すことを発表した。つくば―土浦間の直線距離は8・4㎞。茨城県の資料によれば、東京駅と土浦駅が65分で結ばれる。

土浦延伸は答申198号に記載されておらず、着工するかどうかも含め未定だ。建設費は1400億円と試算されているが、需要予測は1日8600人程度にとどまり、採算の見通しは立っていない。茨城県は、現在、建設費削減と需要増の方法を探っているところである。

そのほか、TXには、前項で示した東京8号線八潮―野田市間との直通構想もある。すべて実現すれば、東京駅を起点に土浦への「本線」と、野田市への「支線」という路線網ができあがる。1章で述べたとおり、TXは今後30年間、沿線の生産年齢人口がほとんど減らないという希有《けう》な路線である。そのため、こうした延伸構想も、あながち夢物語と片づけられない。

輸送力の増強策として、現在の6両編成を8両編成にする事業も進行中だ。ただし、完全立体構造の同線では資材搬入の制約が厳しく、工事に時間がかかるため、実現は30年代前半になる模様である。

いよいよ動き出した都心部・臨海地域地下鉄の全貌——【2040年】

都心部・臨海地域地下鉄（臨海地下鉄）は、文字どおり、東京駅と臨海副都心を結ぶ地下鉄の計画である。

東京都が22年に発表した事業計画によると、東京駅（八重洲口）から有明・東京ビッグサイト（以下、有明）までの6・1㎞で、途中に新銀座、新築地、勝どき、晴海《はるみ》、豊洲市場の5駅を設ける。中央区の調査によれば、東京—有明間の所要時間は10分である。

営業主体は東京臨海高速鉄道になる方針が固まっている。したがって、同社が営業するりんかい線（新木場—大崎）と一体的に運営される可能性が高い。

りんかい線と直通するかは不明だ。直通するには、有明付近で両線の線路をつなげる必要があるが、乗り換えやすい駅位置にしたうえで線路をつなげるのは、線形上、難しそうである。

では、両線をつなげないのか、というと、そうとも限らない。臨海地下鉄には車庫位置が定まっていないという不確定要素があるが、りんかい線と線路をつなげれば、同線の八潮車両基地（品川区）を活用できる。となると、車庫利用のため、両線の連絡線を作る可能性もある。

「臨海地下鉄」計画ルート

*「都心部・臨海地域地下鉄構想事業計画検討会事業計画案」を参考に作成

一方で、前項で記したように、臨海地下鉄にはつくばエクスプレスとの直通計画がある。実現すれば、臨海地下鉄の車庫を茨城県内に設置することができるので、りんかい線とつなげる必要性は低くなる。どんな判断になるのか、興味深い。

東京都では40年までの開業を目指している。概算事業費は４２００億〜５１００億円で、キロあたり６８８億〜８３６億円。鉄道新線の事業費としては記録的な高さである。

南北線品川延伸や豊住線でさえ、キロあたり５００億円台を見込んでいるので、それに比べても高い。運河や埋立地の地下深くを通るので建設費がかさむのだろう。それでも、

1日37万人という非常に大きな利用者数を見込む有望路線だ。

事業計画には、羽田方面への「接続」もうたわれている。JR羽田空港線の臨海部ルートが開業すれば、羽田空港からりんかい線への直通列車が運行されるので、臨海地下鉄とは国際展示場駅（有明）で乗り換えられる。臨海地下鉄とりんかい線の線路がつながれば、TXのつくばから臨海地下鉄、りんかい線を経て羽田空港までの直通列車の設定も、設備上は可能になるかもしれない。

遠い将来の話をすれば、臨海地下鉄は沖合の中央防波堤（海の森、令和島《れいわじま》）への延伸を視野に入れているように感じられる。海の森経由で羽田空港へ至る新線で、夢のある話だが、いまのところは文字どおり「夢物語」である。

都営大江戸線の大泉学園町延伸、着手へと進む――【時期未定】

都営地下鉄大江戸線は、都内を回る環状部と、都庁前―光が丘間の放射部で構成されている。放射部には、終点光が丘から大泉学園町や東所沢まで延伸する計画がある。大江戸線は東京12号線と表記されるので、「東京12号線延伸」とも呼ばれる。

延伸計画区間は、「光が丘―大泉学園町」と「大泉学園町―東所沢」の2区間に分かれる。

事業化が視野に入っているのは「光が丘―大泉学園町」の3・2㎞である。導入空間となる道路（都市計画道路補助230号線）の整備が進められていて、その開通のメドがたてば、大江戸線の延伸

都営地下鉄大江戸線延伸計画ルート

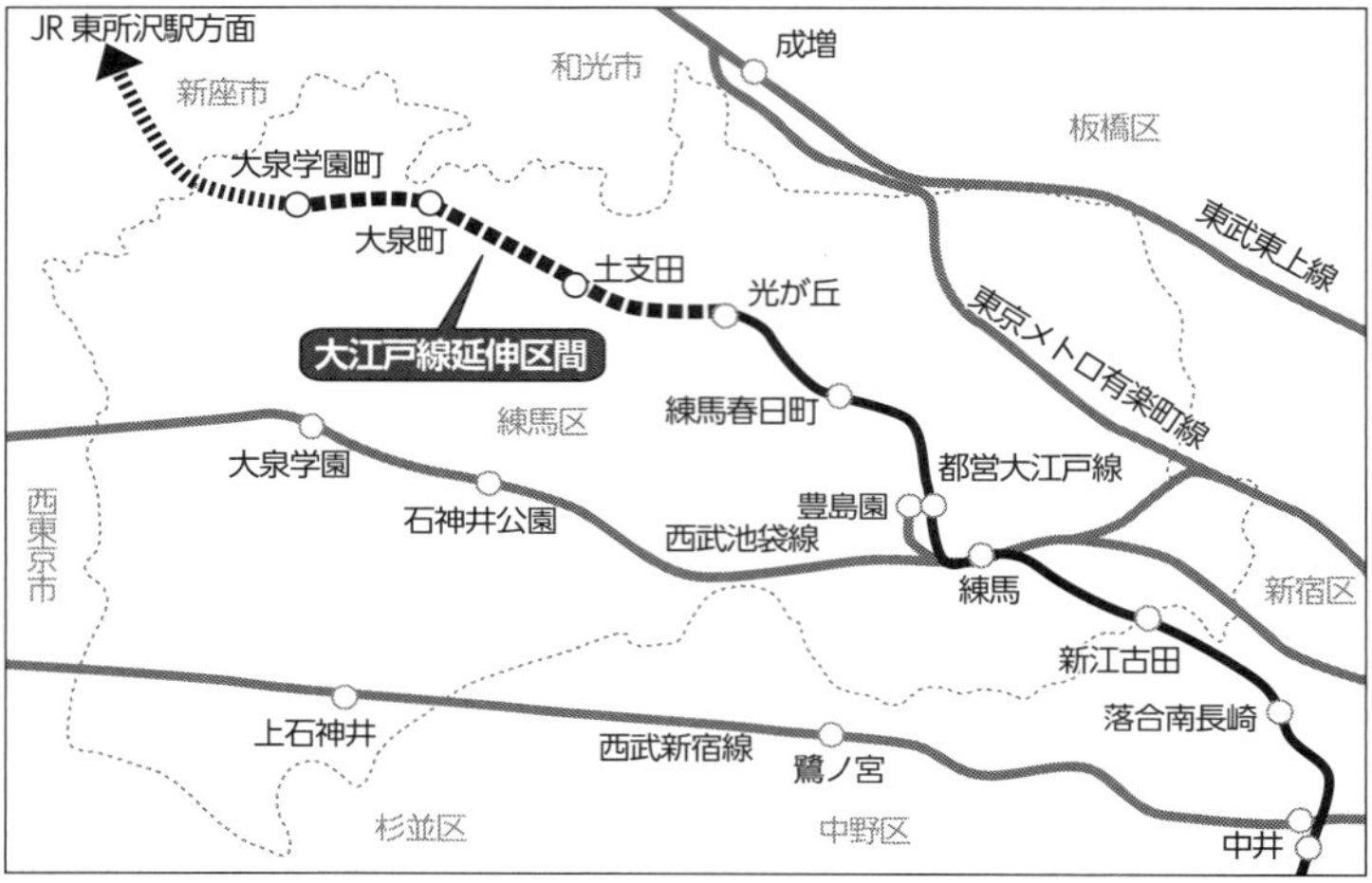

＊練馬区ホームページを参考に作成

事業に着手できる。カウントダウンの段階だ。

土支田《どしだ》、大泉町、大泉学園町の3駅を設置する。終点の大泉学園町は大泉学園通りとの交点付近で、西武池袋線大泉学園駅からは2kmほど離れている。

開業すれば、大泉学園町駅から新宿駅まで31分で結ばれる。延伸区間は約3kmと短いので、導入空間が確保されれば工事にそれほど時間はかからないだろう。開通時期は未定だが、30年代後半に開業できる可能性がありそうだ。

「大泉学園町—東所沢」は8・6kmと見込まれていて、新座《にいざ》中央、清瀬北部、東所沢の3駅が設置される予定である。

しかし、こちらはいまのところ、建設に向けた具体的な動きは見えない。着手するにしても、大泉学園町までの開業のメドが立ってからの話になりそうだ。

埼玉高速鉄道の延伸計画に立ちはだかる壁とは――――【時期未定】

埼玉高速鉄道埼玉スタジアム線は、赤羽岩淵―浦和美園《みその》間14・6㎞を結ぶ路線で、岩槻《いわつき》駅を経て蓮田《はすだ》駅まで延伸する計画がある。埼玉高速鉄道は地下鉄の「東京7号線」とされるので、「地下鉄7号線延伸」とも呼ぶ。

延伸は「浦和美園―岩槻」と「岩槻―蓮田」の2区間に分けられる。「浦和美園―岩槻」の7・2㎞が「先行整備区間」で、途中駅として、埼玉スタジアム駅、中間駅の2駅を設置する。岩槻駅では、東武アーバンパークラインと接続する。

埼玉高速鉄道が岩槻駅まで延伸すれば、大宮駅から浦和美園駅まで鉄道だけでアクセスが可能になり、さいたま市内の鉄道のミッシングリンクを埋められる。そのため、埼玉県、さいたま市は、かねてから埼玉高速鉄道の岩槻延伸に意欲的だ。しかし、浦和美園エリアの人口がなかなか増えず、採算面の課題をクリアできないうえ、埼玉高速鉄道の経営難もあり、事業化に至らなかった。

そこで、埼玉県などは15年、埼玉高速鉄道に対し、事業再生ＡＤＲという私的整理に踏み切り、経営再建にメドを付けた。

18年には新たな調査結果が発表され、浦和美園―岩槻間について、「沿線開発と快速運転を行えば、費用対効果と採算性が基準に達する」という結論を得た。

埼玉高速鉄道延伸計画ルート

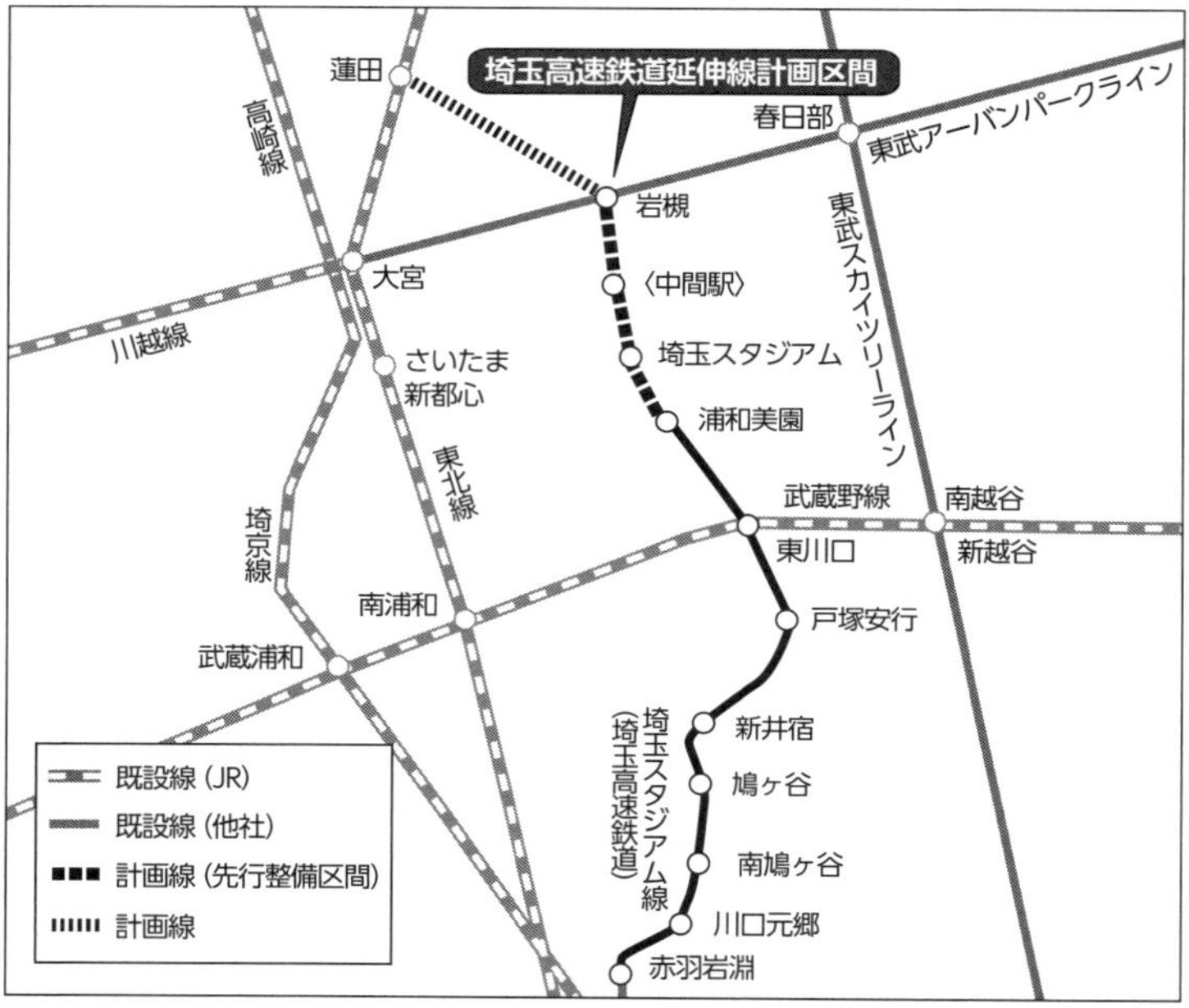

*さいたま市「地下鉄7号線延伸計画パンフレット」を参考に作成

さいたま市では事業化への準備を進め、21年6月に清水勇人市長が「23年度中に鉄道事業者に対する要請をおこなう」と市議会で宣言。積年の悲願の実現が近づいたように見えた。

しかし、この後、衝撃が走る。資材の高騰《こうとう》などで工事費が８６０億円から１３００億円に膨《ふく》らむことがわかったのである。さらに、工事現場の人手不足などから、必要な工期が7年間から18年間へ延びる見込みも明らかにされた。

これを受け、市長は23年度の事業化要請を断念、延伸事業着手は先送りされた。事業化の方針は変わらないものの、計画の練り直しを迫《せま》られたかたちである。着工できたとしても開業は40年代になりそうだ。

「岩槻―蓮田」は未定である。郊外の人口減少が始まっているいま、この区間の事業化は、かなり困難というのが正直なところだろう。

「エイトライナー・メトロセブン」構想は動き出すか？――【時期未定】

答申198号には、東京都区内をぐるりと回る壮大な路線の計画が盛り込まれている。その名も「区部周辺部環状公共交通」。いわゆる「エイトライナー」と「メトロセブン」である。

エイトライナーとメトロセブンは、東京都心から約10km圏を走る環状鉄道計画である。エイトライナーが環状八号線（環八）、メトロセブンが環状七号線（環七）の道路の地下を走り、両線は赤羽駅で接続する。導入空間の道路が異なるため「エイト」「セブン」と名称が分かれているが、現在は「区部周辺部環状公共交通」として、一体的に調査が進められている。

エイトライナーは、田園調布駅（東急東横線）から二子玉川駅（東急田園都市線）、荻窪駅（JR中央線）、練馬高野台《たかのだい》駅（西武池袋線）などを経て、赤羽駅（JR東北線）に至る30・9km。

メトロセブンは、赤羽駅から西新井《にしあらい》駅（東武スカイツリーライン）、亀有駅（JR常磐線）、青砥《あおと》駅（京成本線）、葛西駅（メトロ東西線）などを経て、葛西臨海公園駅（JR京葉線）に至る28・8km。両路線をあわせると、59・7kmに達する長大路線となる。田園調布から東急多摩川線・新空港線に乗

「エイトライナー」「メトロセブン」構想

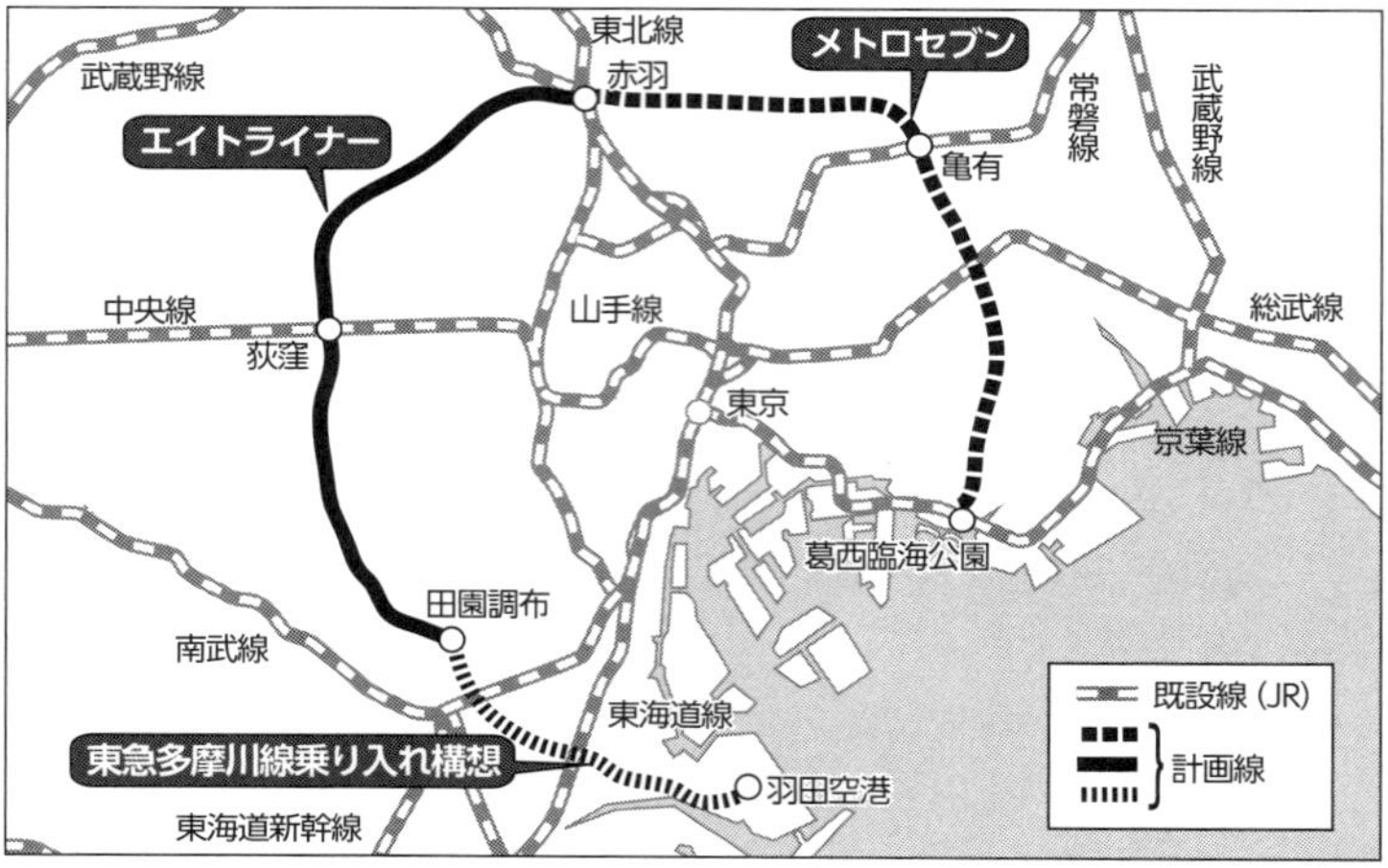

＊江戸川区ホームページを参考に作成

り入れて、羽田空港アクセスに活用できないかという案もある。

答申198号では「中量軌道等の導入や整備効果の高い区間の優先整備など整備方策について、検討が行われることを期待」と記された。これを受け、沿線自治体が調査を実施。小型地下鉄のほか、新交通システム、モノレール、LRT（次世代型路面電車）、BRT（バス高速輸送システム）といった中量軌道システムについて調べている。

総事業費は、地下鉄が9000億円から1兆5000億円、モノレールや新交通システムが1兆5000億円から1兆9000億円、LRTやBRTが1200億から3000億円と見積もられた。

いずれもおいそれと着手できる金額ではない。比較的安価なのがLRTやBRTだが、環八や環七にLRTを導入するのは非現実的で、BRTでは整備効果が限られる。

エイトライナーやメトロセブンのような長大路線の全線で、すべて同じシステムを導入するのは無理がある、という指摘もある。その指摘にしたがえば、地域特性に応じたシステムを選んで、事業性の高い区間から着手が検討されることになるだろう。

沿線自治体では、今後、区間別、システム別に需要予測や収支採算性を調査し、交通政策審議会の次期答申へ向けて議論をする予定だ。事業着手するにしてもそのあとの話で、おそらくは段階的な整備手法をとるだろう。現時点では、すべての区間において、着手できるかも含め未定である。

葛飾区が熱望する「新金線旅客化」実現のカギとは——【時期未定】

JR総武線の新小岩信号場とJR常磐線金町《かなまち》駅の間には貨物専用の路線がある。これを新金《しんきん》貨物線という。近年、新金貨物線を経由する貨物列車は激減しており、1日数往復が走るのみ。そのため、これを旅客化して活用しようという構想がある。

新金線には複線の空間が確保されているが、現状は電化単線である。旅客化する際は、基本的には単線のままで、途中駅に交換設備を設ける想定だ。

19年に葛飾区が公表した資料によると、新小岩—金町間の7・1㎞に旅客列車を走らせる。駅の位置は、7駅（途中5駅）と10駅（途中8駅）の2案がある。新小岩—金町間の所要時間は7駅案が17・7分、10駅案が22・0分とされている。運行本数は、ピーク時毎時6本、オフピーク時毎時4

「新金線」計画ルート

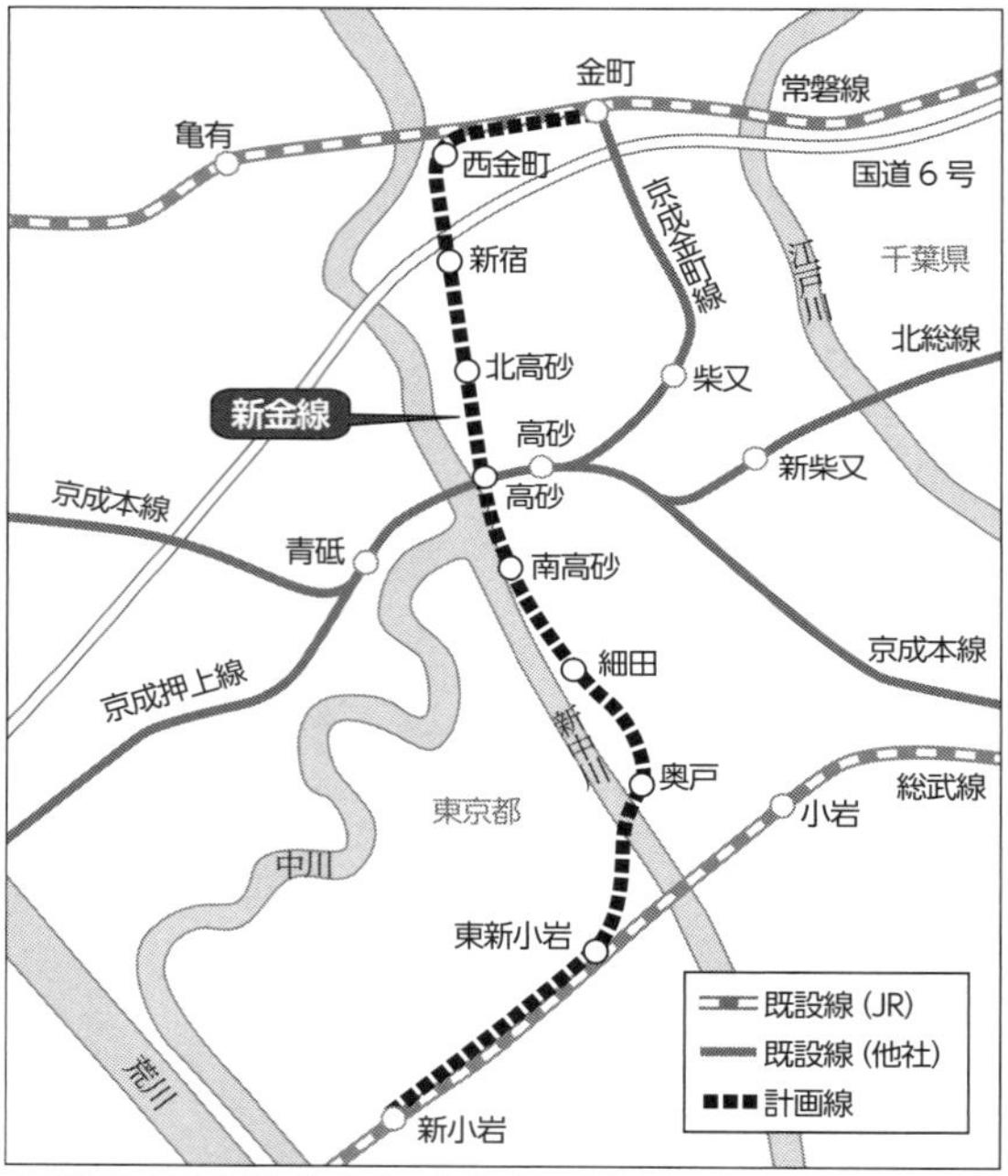

※7駅案は西金町、北高砂、南高砂が含まれない
＊葛飾区「新金貨物線旅客化の検討資料」を参考に作成

本を想定する。

新金線の最大の障壁は、国道6号との交差部にある踏切だ。現在は貨物列車が1日数本走るだけなので問題になっていないが、旅客化すれば毎時上下12本の列車が走ることになり、踏切として運用すると国道で渋滞が発生してしまう。

踏切を道路信号にする案もあるが、ダイヤの制約が厳しくなる。道路拡幅《かくふく》にともなう高架化計画もあるが、いつになるかわからない。

そのため、葛飾区では、まずは国道6号踏切以南を先行開業させることを検討している。新宿《にいじゅく》駅（新宿区の新宿駅とは別）に折り返し設備を設け、新小岩—新宿間での開業を目指すわけだ。

今後は、交通政策審議会の次期答申に反映されてから、事業化を目指すようである。実現性は不透明だが、東京の鉄道建設でもっとも困難な用地取得の問題が少ないプロジェクトなので、案外、話が進みそうな印象もある。

壮大な多摩モノレール延伸構想、その現在地は?——【2030年代半ば以降】

多摩都市モノレール（多摩モノレール）は、多摩センター—上北台《かみきただい》間16㎞を結ぶ路線である。立川北—上北台間が98年に開業し、00年に立川北—多摩センター間が開業した。

しかし、いま開業しているのは、計画の一部にすぎない。多摩モノレールの全体構想は93㎞にも及ぶ。もちろん全部開業するとは思えないが、上北台—箱根ケ崎間と多摩センター—町田間については、延伸計画が具体化している。

先行しているのは「上北台—箱根ケ崎」で、7㎞に全7駅を設ける計画だ。すでに導入空間となる道路は完成していて、東京都は20年1月に事業化を正式決定。24年7月には軌道事業の特許を申請し、許可されている。総事業費は1290億円である。

モノレールは既設区間と同じ4両編成がそのまま乗り入れる。現行の上北台駅発着のほぼ全列車が箱根ケ崎駅まで運行するようだ。

延伸区間のモノレールの最高速度は60㎞、表定時速は27㎞とされている。計算すると、上北台—箱根ケ崎間の所要時間は15～16分程度となる。工事期間は10年。東京都では30年代半ばの開業を目

多摩モノレール延伸計画ルート

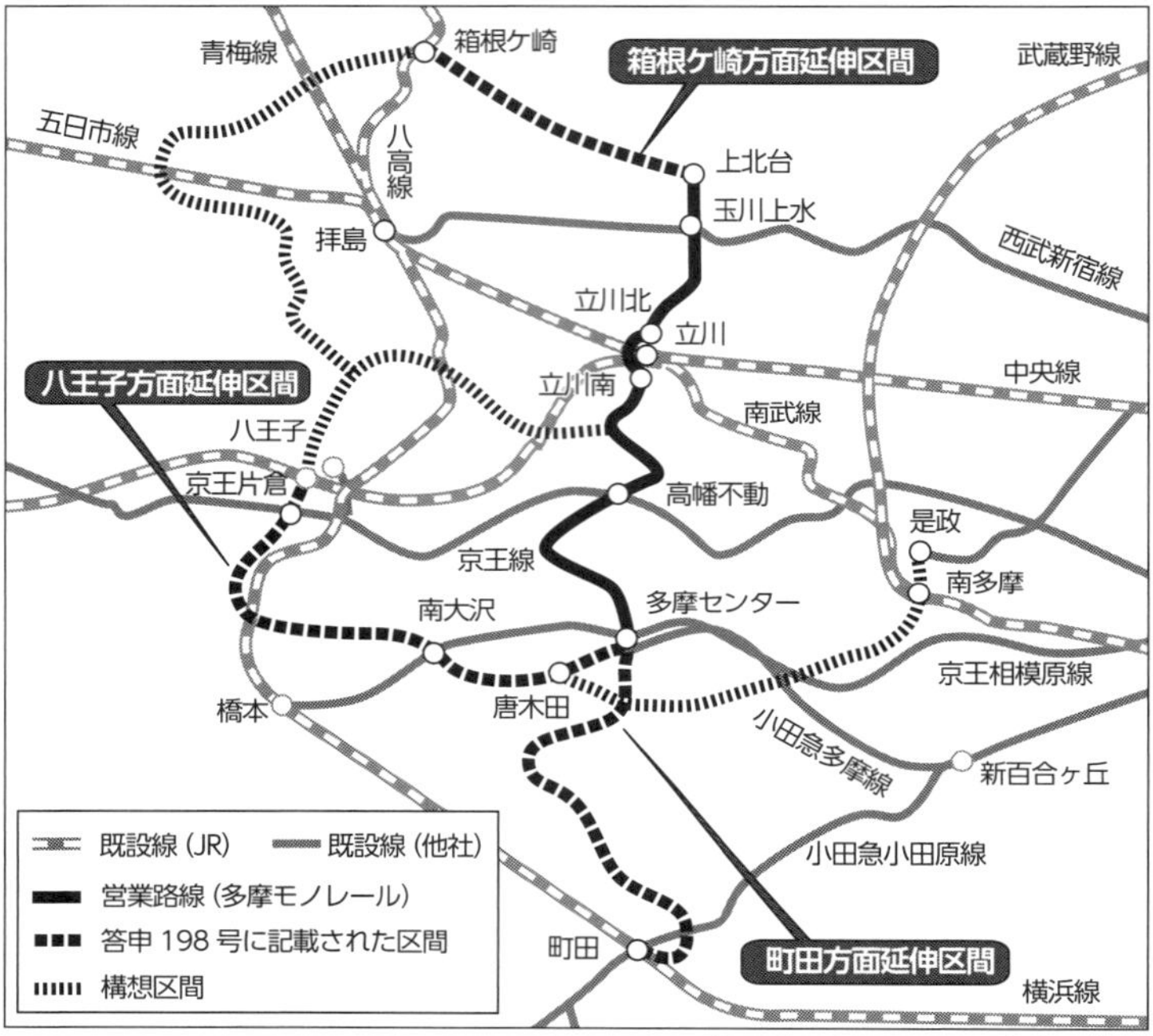

＊町田市ホームページを参考に作成

指している。

「多摩センター—町田」も、22年にルート案が決定した。多摩センターから町田市立陸上競技場、日大三高、小山田桜台団地、桜美林《おうびりん》学園、町田市民病院、町田高校を経由して町田駅に至る。この区間だけで総延長が16kmある。

一部では導入空間が確保されているが、道路用地確保に動き出したばかりの区間もあり、事業化にはだいぶ時間がかかりそうだ。道路整備の具合にもよるが、事業着手は早くても30年代後半くらいだろう。建設に10年かかるとすれば、順調にいっても開業できるのは40年代後半になる。

多摩モノレールでは、このほか「多摩センター—八王子」も事業化の望みがありそうだ。多摩センターから、小田急多摩線唐木田《からきだ》駅付近、京王相模原線南大沢駅付近、多摩美術大学付近を経由して、八王子ニュータウンの横浜線八王子みなみ野駅付近を通り、JR八王子駅へ至る延長17㎞である。ただし、ルート詳細は固まっておらず、検討はこれからだ。

小田急多摩線の延伸計画は、2027年まで動きなし——【時期未定】

小田急多摩線は、新百合ヶ丘—唐木田間10・6㎞を結ぶ路線である。唐木田から先、相模原駅を経て上溝《かみみぞ》駅までの延伸計画があり、さらに愛川町方面から厚木市まで延ばす構想もある。唐木田—上溝間については、答申198号にも盛り込まれている。

19年には「小田急多摩線延伸に関する関係者会議」が報告書をとりまとめた。それによると、小田急唐木田車庫の東側2線を延伸し、町田市小山田地区付近に「中間駅」を設置。さらに、米軍相模総合補給廠《しょう》の一部返還地を縦断し、相模原駅で横浜線と地下で交差。上溝駅でJR相模線と並行する高架上にホームを設ける計画である。

多摩センター駅は2面4線化し、待避と緩急接続を可能にする。また、多摩センター駅の唐木田寄りに引上線も設置する。

開通すれば相模原—新宿間が48分、上溝—新宿間が51分で結ばれる。それぞれ、既存路線を使っ

小田急多摩線延伸計画ルート

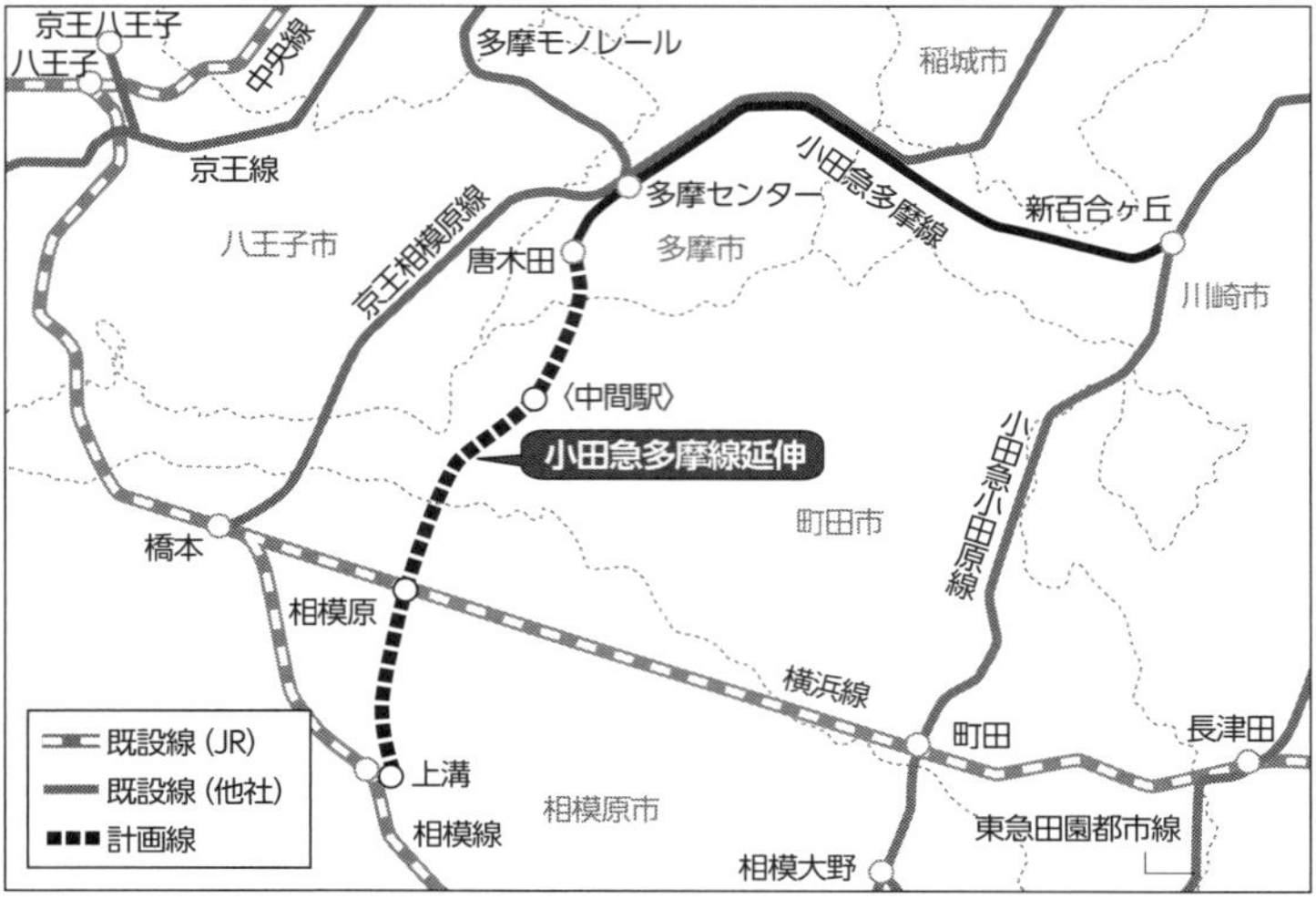

＊「小田急多摩線延伸に関する関係者会議報告書（2019）」を参考に作成

た場合に比べ、12分と22分も短縮する。

19年の報告書では、多摩センター―相模原間のみ建設すれば採算がとれるという試算が示された。概算建設費は870億円で、1日の利用者数は4・9万～5・3万人である。これを受け、相模原市の本村《もとむら》賢《けん》太郎《たろう》市長は、相模原までの先行整備に前向きな姿勢を見せた。

ただ、相模原市は27年を期限とする行財政改革を実行中で、終了するまでは事業化しない方針である。したがって、事業化が確定するにしても27年以降の話になりそうで、開業は早くても40年代になるだろう。

また、本村市長は相模原までの先行開業に意欲を示したが、これも決定事項ではない。上溝までの一括開業案がよみがえる可能性もないとはいえない。一括開業の概算事業費は1300億円で、1日の利用者数は6・7万～7・3万人である。

小田急多摩線には、上溝の先、愛川町方面への延伸構想もある。相模川を渡り、厚木方面に路線を延ばすものだ。

とはいえ、上溝までの延伸の見通しがついてからの話で、今後の人口減少を考えれば、実現は容易ではなさそうである。

横浜市営地下鉄ブルーライン、日本最長の地下鉄へ——【2030年代以降】

新百合ヶ丘駅は、小田急小田原線から多摩線が分岐するターミナル駅である。74年の多摩線開業にあわせて作られ、3面6線のホームを備える。

いまでは駅前に商業施設が集積し、川崎市麻生《あさお》区の中心駅に成長している。そこへ、新たに地下鉄も乗り入れることになった。横浜市営地下鉄ブルーラインが、あざみ野から延びてくるのである。

ブルーラインの現在の営業区間はあざみ野—湘南台間の40・4㎞。延伸区間は新百合ヶ丘—あざみ野間の6・5㎞だ。途中駅は3駅が予定されている。

延伸により、新百合ヶ丘—あざみ野間は10分で結ばれる。新百合ヶ丘—新横浜間は27分となり、川崎市北部や多摩地域からの新幹線アクセスが改善する。総事業費は1720億円で、1日8万人の利用者を見込む。

横浜市営地下鉄ブルーライン延伸計画ルート

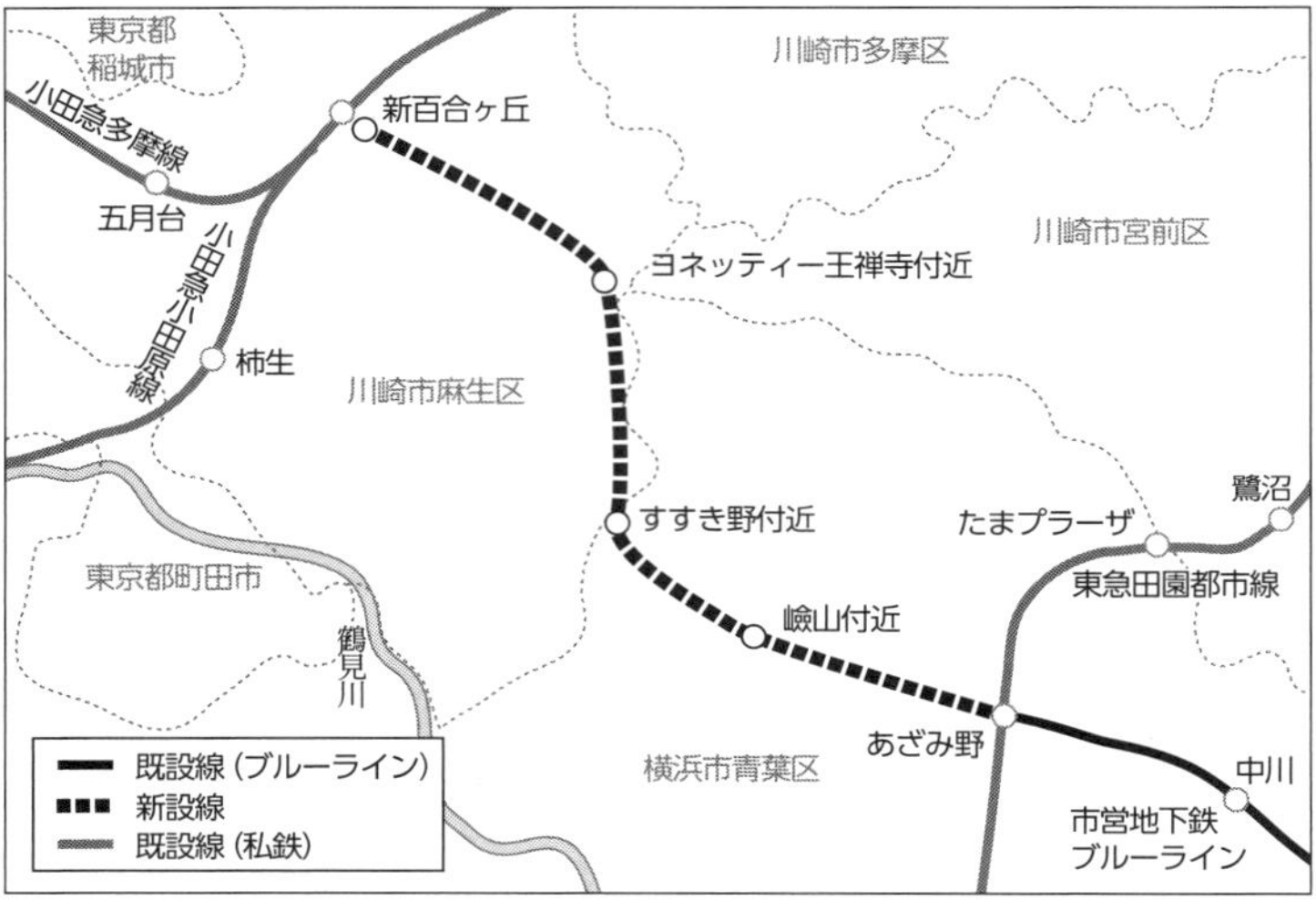

＊横浜市ホームページを参考に作成

事業化決定は19年。開業予定は約10年後の30年頃とされた。しかし、24年7月時点で着工に至っていない。横浜市議会の市側の答弁では、「社会情勢の変化による新たな課題」が浮上しているとのことで、埼玉高速鉄道同様、建設費高騰による計画の再検討を迫られている様子もうかがえる。工期を考えれば30年開業は不可能で、早くても30年代後半になりそうである。

実現すれば、ブルーラインの総延長は約47kmとなり、国内最長の地下鉄路線となる。現在の国内最長である大江戸線は40・7kmで、大泉学園町まで3・2kmの延伸も予定されているが、実現しても約44km。ブルーラインが上回る。

また、ブルーラインの終点の湘南台は藤沢市なので、同線は起点も終点も横浜市外となる。横浜市営地下鉄としてこれ以上の延伸は考えづらく、ブルーラインは完成形になるだろう。

完成形が見えない横浜市営地下鉄グリーンライン延伸構想——【時期未定】

横浜市のもうひとつの地下鉄路線としてグリーンラインがある。グリーンラインは、ブルーラインと対照的に、完成形の見えない路線である。現在のグリーンラインは、中山—日吉間の13・1㎞を結んでいる。これを両方向に延伸する計画がある。日吉駅から先が、鶴見駅までの延伸計画。中山駅から先が、二俣川《ふたまたがわ》、東戸塚、上大岡《かみおおおか》、根岸を経て元町《もとまち》・中華街駅までの延伸計画である。横浜の外郭《がいかく》をまわる路線であることから、答申198号では「横浜環状鉄道」と称されている。

ただし、横浜環状鉄道の全体をグリーンラインとして整備する計画ではない。大枠としては、日吉—鶴見間と中山—二俣川間が、現時点でグリーンラインとしての建設が想定されている。より高い需要が見込めそうなのは「日吉—鶴見」だ。横浜市は21年に試算をしていて、1日3・5万〜4・9万人が利用すると見込んでいる。「中山—二俣川」は2・5万〜3・0万人である。「日吉—鶴見」の詳細ルートは未定だが、鶴見区北西部の鉄道空白域を埋めるのが最大目的の路線なので、三ツ池公園付近を経由して日吉駅と鶴見駅を結ぶかたちになるだろう。所要時間は11分程度と見積もられている。

横浜市としては、当面はブルーラインの新百合ヶ丘延伸で手一杯なので、グリーンラインの鶴見延伸が具体化するとしても、そのあとの話である。開業は早くても50年代になるだろう。そもそも、

横浜市営地下鉄グリーンライン延伸計画ルート

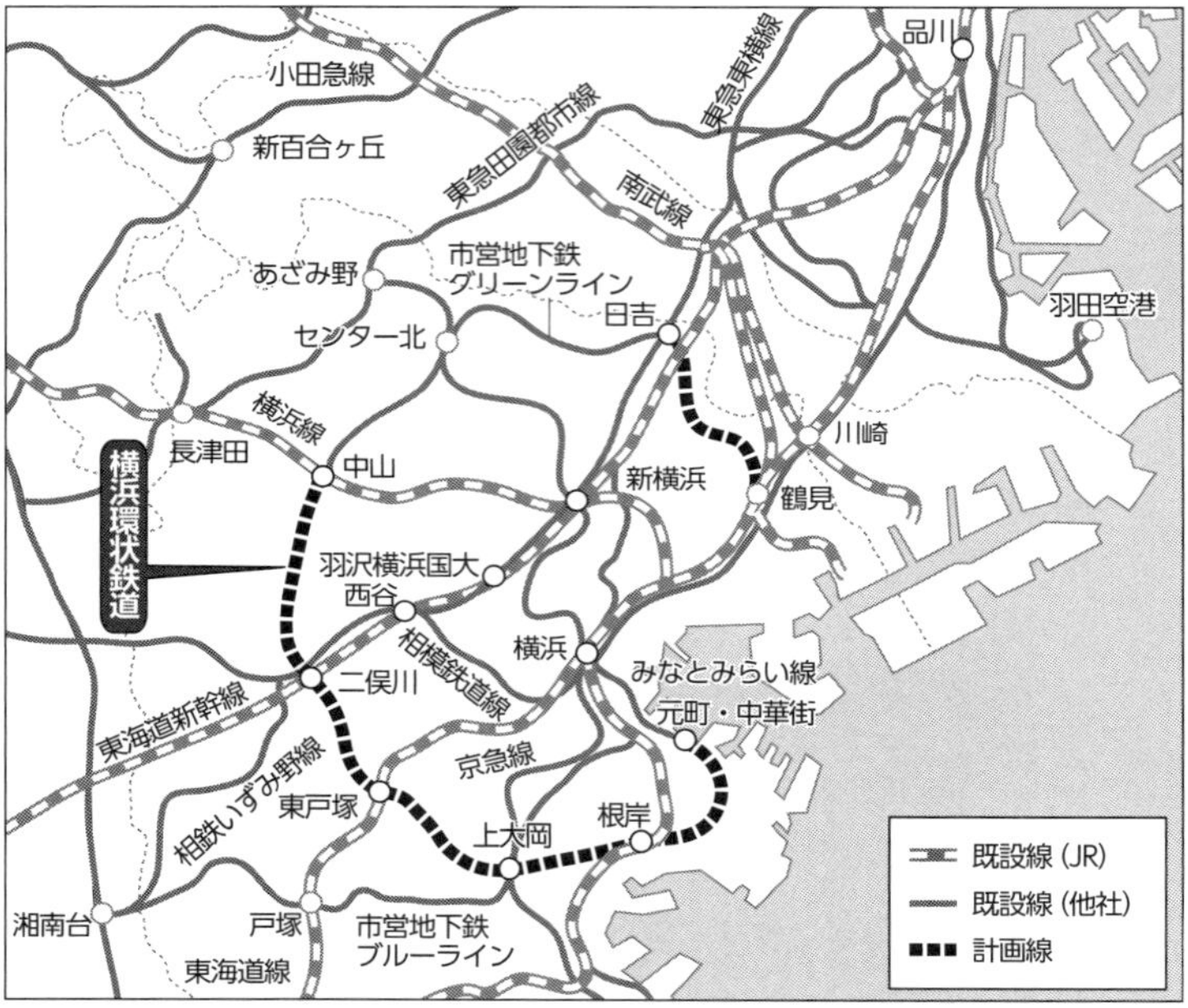

＊横浜市ホームページを参考に作成

事業着手できるかどうか、現時点ではわからない。

「中山―二俣川」は、横浜市旭区北部の鉄道空白域を埋める路線である。途中に四季の森公園やズーラシアがあるのでレジャーにも使われそうだ。しかし、順序からすれば鶴見延伸確定後の検討になりそうで、将来構想の域を出ない。

横浜環状鉄道について付け加えておくと、「根岸―元町・中華街」は、みなとみらい線の延伸として想定されている。しかし、着工に向けた動きはない。同線では元町・中華街駅の先に留置線を作る工事に着手しているが、根岸延伸に直接つながる話ではない。

3章

大阪圏の鉄道の未来

なにわ筋線の開業が「革命的」である理由――【2031年春】

近畿圏の鉄道新線の目玉といえるのが、なにわ筋《すじ》線である。大阪市のなにわ筋の地下を貫《つらぬ》いて、JR大阪駅地下ホーム（うめきた）とJR難波駅、南海新今宮駅を結ぶ路線だ。総延長は7・4㎞で、ほぼ全区間が地下である。

途中駅は、中之島《なかのしま》駅、西本町《にしほんまち》駅、新難波駅の3駅。中之島駅では京阪中之島線と連絡。新難波駅で大阪メトロ、南海、近鉄の各線と連絡する。

なにわ筋線の特徴は、JRと南海が同じ線路を共同利用することだ。第三セクターの関西高速鉄道が整備し、JR西日本と南海電鉄が線路を借りて営業する。

JRは大阪―JR難波間を運行し、阪和《はんわ》線方面に乗り入れる。南海は大阪―新今宮間を運行し、南海本線方面に乗り入れる。大阪―西本町間がJR・南海の共同営業区間、西本町―JR難波間がJR単独営業区間、西本町―新今宮間が南海単独営業区間である。

大阪駅地下ホームの線路は、梅田貨物線を介してJR新大阪駅につながっている。その先、JR京都線やおおさか東線に乗り入れることが可能だ。

事業計画によると、6両、8両、9両編成を想定し、JR、南海とも特急、普通（急行・快速含む）がそれぞれ乗り入れる。最高時速は110㎞。概算事業費は3300億円で、1日24万人の利用を予測する。開業予定は31年春である。

阪急電鉄も新線を建設し、乗り入れる計画がある。新大阪―十三《じゅうそう》―大阪間の4・6㎞で、大阪駅地下ホームからなにわ筋線に直通運転する構想だ。新大阪―十三間を「新大阪連絡線」、十三―大阪間を「なにわ筋連絡線」という。

この路線は阪急電鉄として初の狭軌《きょうき》で建設する。京都線や宝塚線といった、阪急の標準軌路線からは完全に独立した系統となる。なにわ筋線との同時開業を目指しているとされるが、24年8月現在で未着工のため、スケジュール的には厳しそうだ。

なにわ筋線計画ルート

なにわ筋線の運転本数は1日最大560本とされている。1日19時間営業（5～24時）と仮定して計算すると、平均毎時29本、つまり毎時15往復程度、4分間隔である。ラッシュ時に3分間隔、日中時間帯に5分間隔程度で運転するのだろう。

JR、南海とも関西空港駅までの直

通運転が決まっている。関空への特急は、現在、ＪＲが「はるか」、南海が「ラピート」を運行しているが、なにわ筋線開業後は両者が共同運行する見通しであることが、報道で伝えられている。詳細は定かではないが、「共同運行」というからには運行区間は同じで、どちらの列車に乗っても同じようなサービスになるのだろう。

車両についても公式発表はないが、ＪＲでは、19年に「はるか」で運行開始した２７１系特急電車について、なにわ筋線を走れるように設計している。南海は新型特急車両を導入すると見られる。ＪＲと共同運行するのであれば２７１系に準じた車両になりそうだが、詳細は明らかにされていない。現行の「ラピート」５００００系は、なにわ筋線開業と前後して引退する可能性がある。

なにわ筋線開業により、新大阪―関西空港間がＪＲで49分、南海で50分となる。大阪―関西空港間はＪＲ44分、南海45分で、いずれも現行より10分程度短縮する。

大阪市北部と関西空港を、ＪＲと私鉄の共同運行の特急が直結する。関西空港は遠いというイメージがいまもあるが、そうしたイメージをライバル同士の鉄道会社が連携して一新するという、まさに革命的な新路線である。

阪急大阪空港線計画も動き出す？――【時期未定】

阪急新大阪・なにわ筋連絡線の開業後、もうひとつ新線が生まれる可能性がある。阪急大阪空港線だ。

阪急大阪空港線は、阪急宝塚線の曽根《そね》駅と大阪空港（伊丹空港）とを結ぶ、約4㎞の鉄道新線構想だ。ルート詳細は未定だが、曽根駅の北で宝塚線から分岐し、大阪空港ターミナル付近の地下に新駅を作るかたちが考えられる。曽根駅には引上《ひきあげ》線があるので、分岐部に転用できそうだ。

また、曽根—岡町間には、高架化する際に残された地上線用地が残っており、地下に潜《もぐ》るスペースも確保できる。

阪急大阪空港線計画ルート

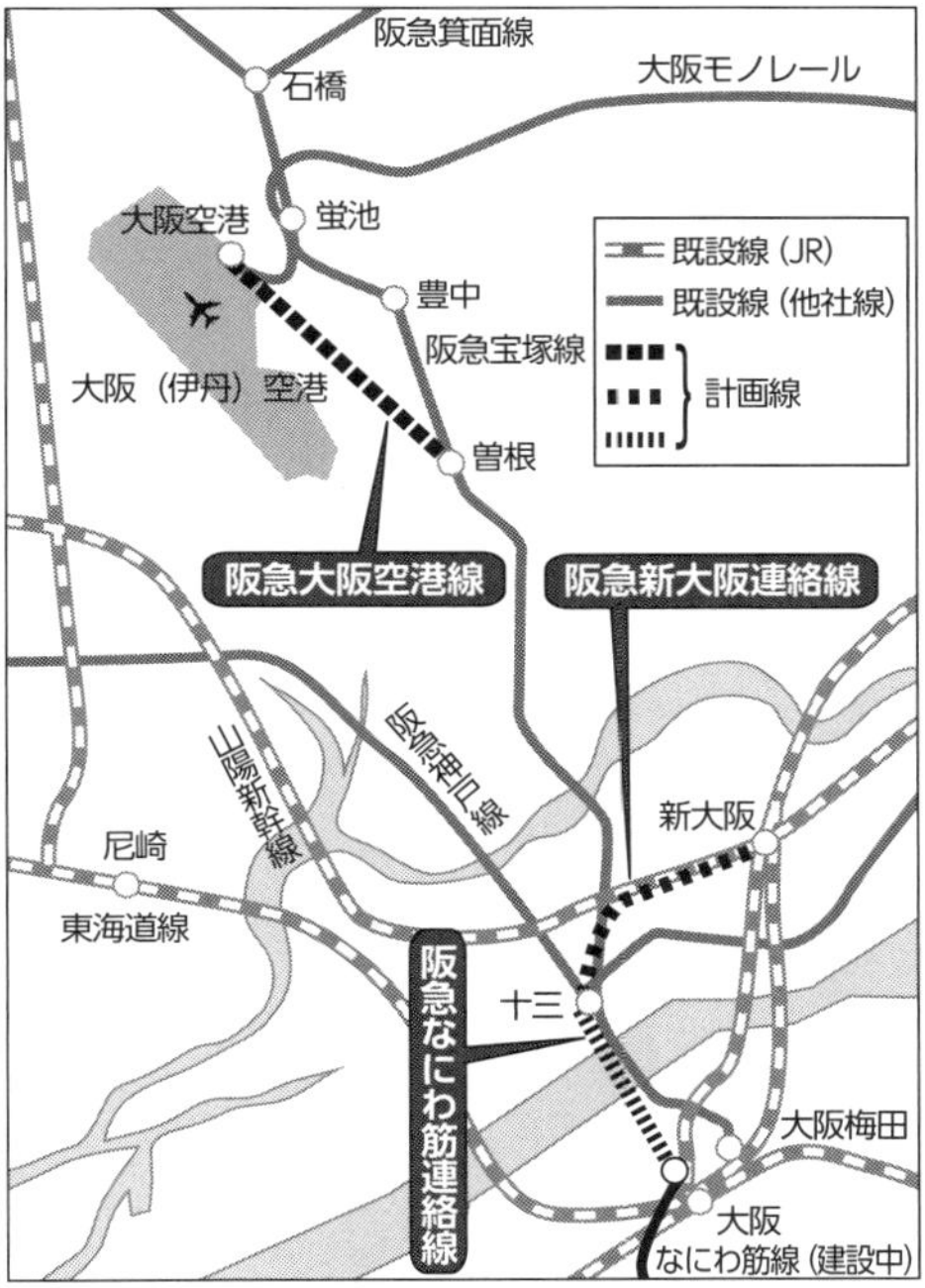

*「近畿圏における空港アクセス鉄道ネットワークに関する調査」を参考に作成

阪急大阪空港線が実現すれば、大阪梅田—大阪空港間に直通列車が運転されるだろう。所要時間は16分程度になると見込まれる。

建設費は700億円で、予想される輸送人員は1日2・5万人。費用便益比は1・4とまずまずだが、収支採算性は40年間で黒字転換する可能性が低いとされている。そのため、実現には採算性の向上が必要になる。

阪急大阪空港線は、なにわ筋線の関連路線として位置づけられている。阪急なにわ筋連絡線と大阪空港線が開業すれば、伊丹《いたみ》・関空の両空港を、十三駅での一度の乗り換えで移動できるようになるためだ。両空港を連絡する路線として、建設へ向け動き出す可能性が出てきたのである。

したがって、順番としては、阪急大阪空港線は、阪急なにわ筋連絡線開業後の事業着手となるだろう。となると、40年代以降に開業が期待される鉄道新線、と考えておくのが妥当《だとう》である。実際、阪急・阪神ホールディングスは、40年までの『長期ビジョン』に、「検討・協議中」の路線として記載している。

大阪モノレール延伸で大阪空港アクセスが向上――【2033年】

大阪空港（伊丹空港）には、軌道系交通機関として大阪モノレールが乗り入れている。大阪空港駅から門真市《かどまし》駅まで21・2㎞を結ぶ長大モノレール路線だ。蛍池《ほたるがいけ》駅で阪急宝塚線と連絡するなど6駅で他社線と乗り換えができ、大阪空港へ行くのに便利な存在である。もちろん、住民の日常の足としても使われていて、1日12万人を運ぶ大動脈だ。

現在は門真市駅が終点だが、門真市―瓜生堂《うりゅうどう》間9㎞の延伸工事が進められている。途中、松生町《まつおちょう》、門真南、鴻池新田《こうのいけしんでん》、荒本《あらもと》の4駅を設置する。門真南駅で大阪メトロ長堀鶴見緑地線と、鴻池新田駅

大阪モノレール延伸計画ルート

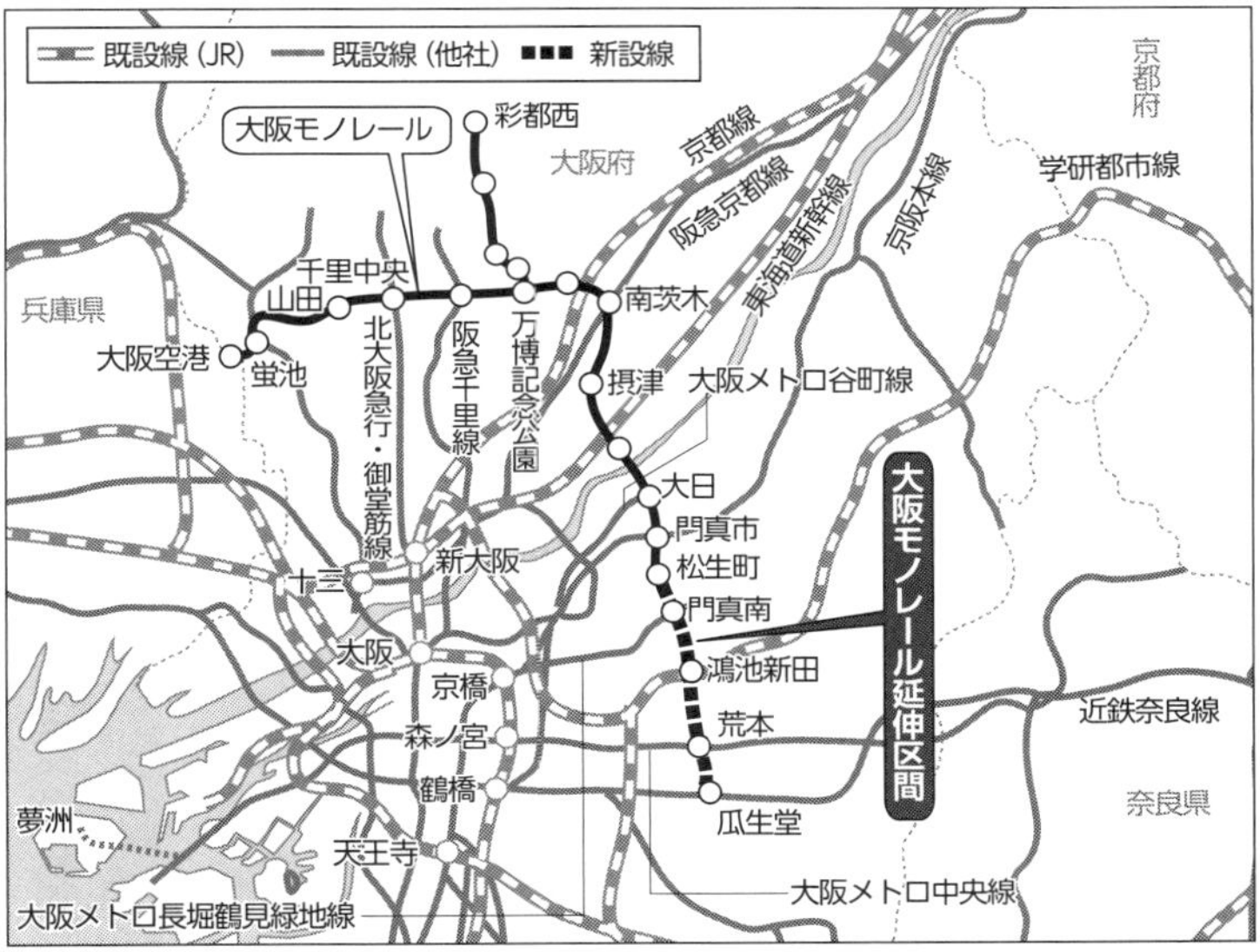

でＪＲ学研都市線と、荒本駅で近鉄けいはんな線と、瓜生堂駅で近鉄奈良線と、それぞれ接続する。

瓜生堂に近鉄の駅はないが、モノレール延伸にあわせて設置する。開業すれば、接続する各線沿線から大阪空港へのアクセスが飛躍的に改善する。

延伸事業には着手済みで、当初は29年度に開業する予定だった。しかし、工事は遅延しており、４年後ろ倒しの33年度になる見通しと発表されている。

総事業費は当初１１１３億円と見積もられていたが、１８６４億円へと大幅に上振れた。

瓜生堂駅から先、堺方面への延伸構想もあるが、建設についての議論は進んでいない。検討されるにしても、瓜生堂延伸後の話であろう。

近鉄奈良線から大阪メトロ中央線へ、直通特急計画の狙い――【時期未定】

大阪市内の既存路線で話題が豊富なのは、大阪メトロ中央線と近鉄けいはんな線である。25年に開催される大阪・関西万博と、その後に建設予定のＩＲ（統合リゾート）アクセスを担《にな》うからだ。

メトロ中央線はコスモスクエア駅から長田駅まで17・９㎞を結ぶ路線である。近鉄けいはんな線は長田駅から学研奈良登美ヶ丘《とみがおか》駅に至る18・８㎞の路線である。両線は相互直通運転をしていて、一体的に運行されている。

万博開幕に先立ち、中央線は終点のコスモスクエアから会場の夢洲《ゆめしま》まで３㎞を延伸する。途中駅はない。夢洲駅は１面２線の島式ホームである。

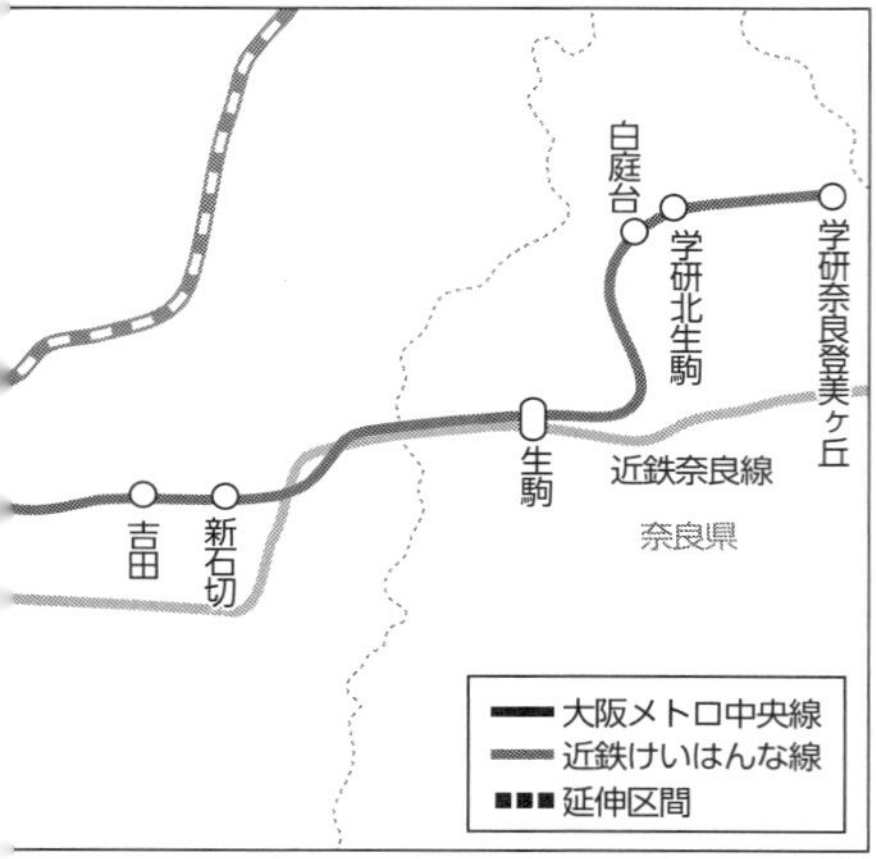

現状の中央線で使われている車両がそのまま乗り入れ、６両編成で運転する。運転間隔は未定だが、中央線のほぼ全列車が直通する見込みだ。開業は25年1月頃である。

メトロ中央線にはもうひとつ新線計画がある。森ノ宮駅から森之宮検車場までの側線（引き込み線）を営業線にして旅客化し、検車場北端付近に新駅を設けるものだ。営業距離は１・１㎞程度。

大阪メトロ中央線、近鉄けいはんな線路線図

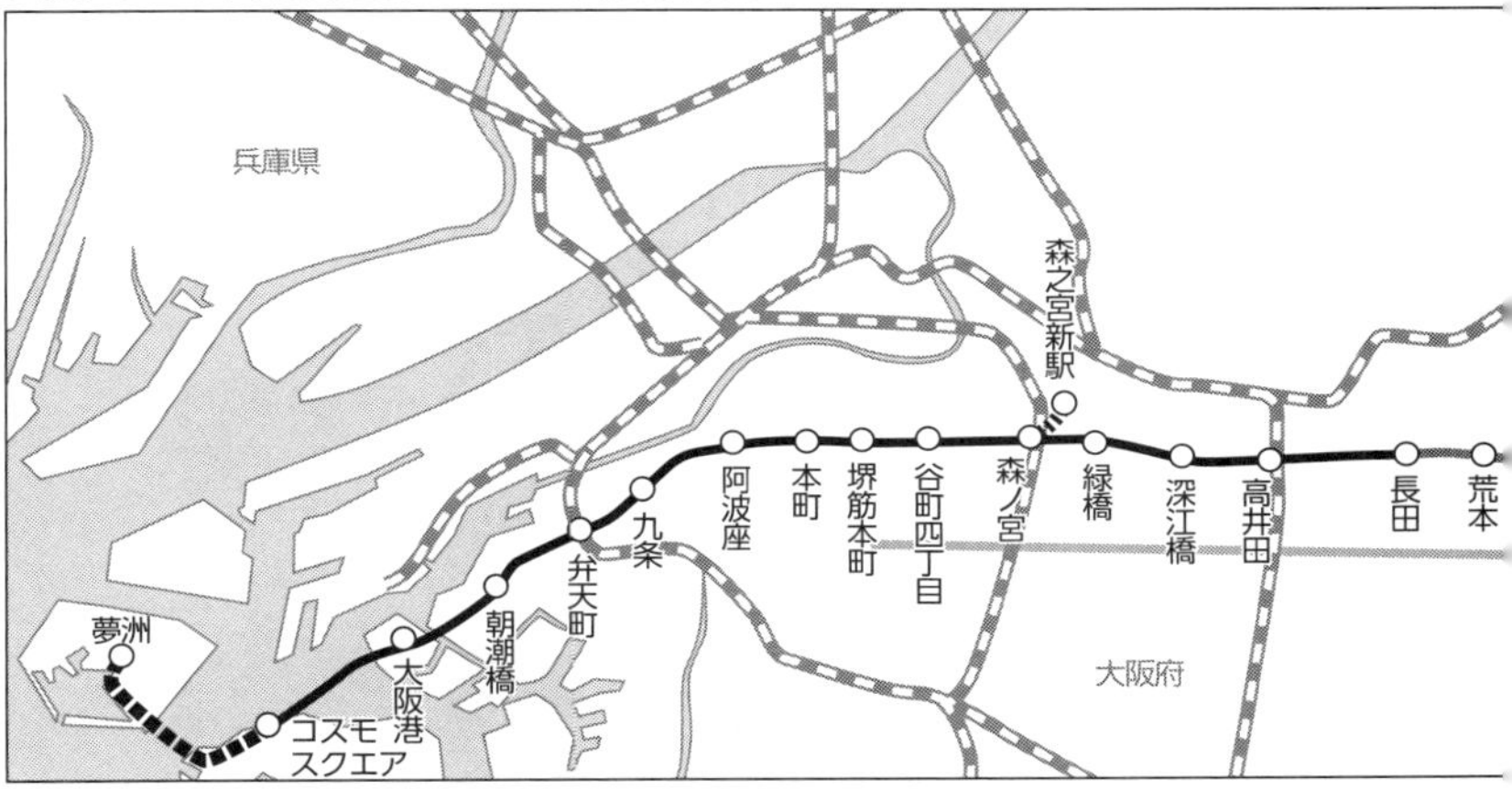

検車場付近に大阪公立大学のキャンパスを設置する再開発計画があり、それにあわせて新駅を設ける。開業は28年春の予定だ。

万博終了後、順調にいけば30年秋頃に夢洲ＩＲができる。ＩＲアクセスで注目されているのが、近鉄が計画している特急列車で、カギとなるのが近鉄けいはんな線だ。

近鉄けいはんな線はメトロ中央線と直通運転しているので、夢洲駅まで乗り入れられる。一方、途中の生駒《いこま》駅では近鉄奈良線と接している。このため、生駒駅で両線をつなげば、奈良線特急がけいはんな線に直通でき、そのまま中央線に入って夢洲駅まで乗り入れられる。

ただし、けいはんな線と奈良線は集電《しゅうでん》方式が異なる。けいはんな線は、線路横にある第三軌条から集電して電車を動かしているが、奈良線は架線からパンタグラフを使い集電している。けいはんな線と奈良線は軌間こそ同じだが、線路をつなげただけでは直通運転できないのだ。

そこで、近鉄では、集電方式の違いを乗り越えるため、

複数集電方式の特急車両の開発を進めている。奈良線から夢洲へ直通する「ＩＲ特急」を走らせる計画なのである。

ターゲットは外国人観光客で、奈良観光を終えた旅行者をＩＲへ直接運ぶ。奈良線は近鉄各線のネットワークにつながっているので、京都や名古屋、伊勢志摩から夢洲ＩＲへの直通特急を走らせることも可能になる。

ＩＲ予定地への新線計画、各社が抱える思惑と不安とは――【時期未定】

ＩＲ関連路線としては、大阪市内でふたつの鉄道新線計画がある。

ひとつは京阪中之島線延伸だ。京阪中之島線は中之島―天満橋《てんまばし》間の３㎞を結ぶ路線で、中之島駅から九条駅、西九条駅、新桜島方面へ延伸する構想がある。

手はじめに九条駅まで延伸してメトロ中央線と連絡し、京都の祇園四条から夢洲まで、同駅の乗り換えだけでアクセスできるようにする。ＩＲと京都観光を楽しみたい外国人観光客などがターゲットになる。

京阪は23年度末までに建設の可否を判断する予定だった。ただ、ＩＲ事業者には、26年９月まで契約解除権がある。つまり、本当に開業するのか決まりきっていない。そうした事情から判断を先送りしている。したがって、本書執筆時点で中之島線の九条延伸は決定していない。

IR開業に向けた各社の延伸構想

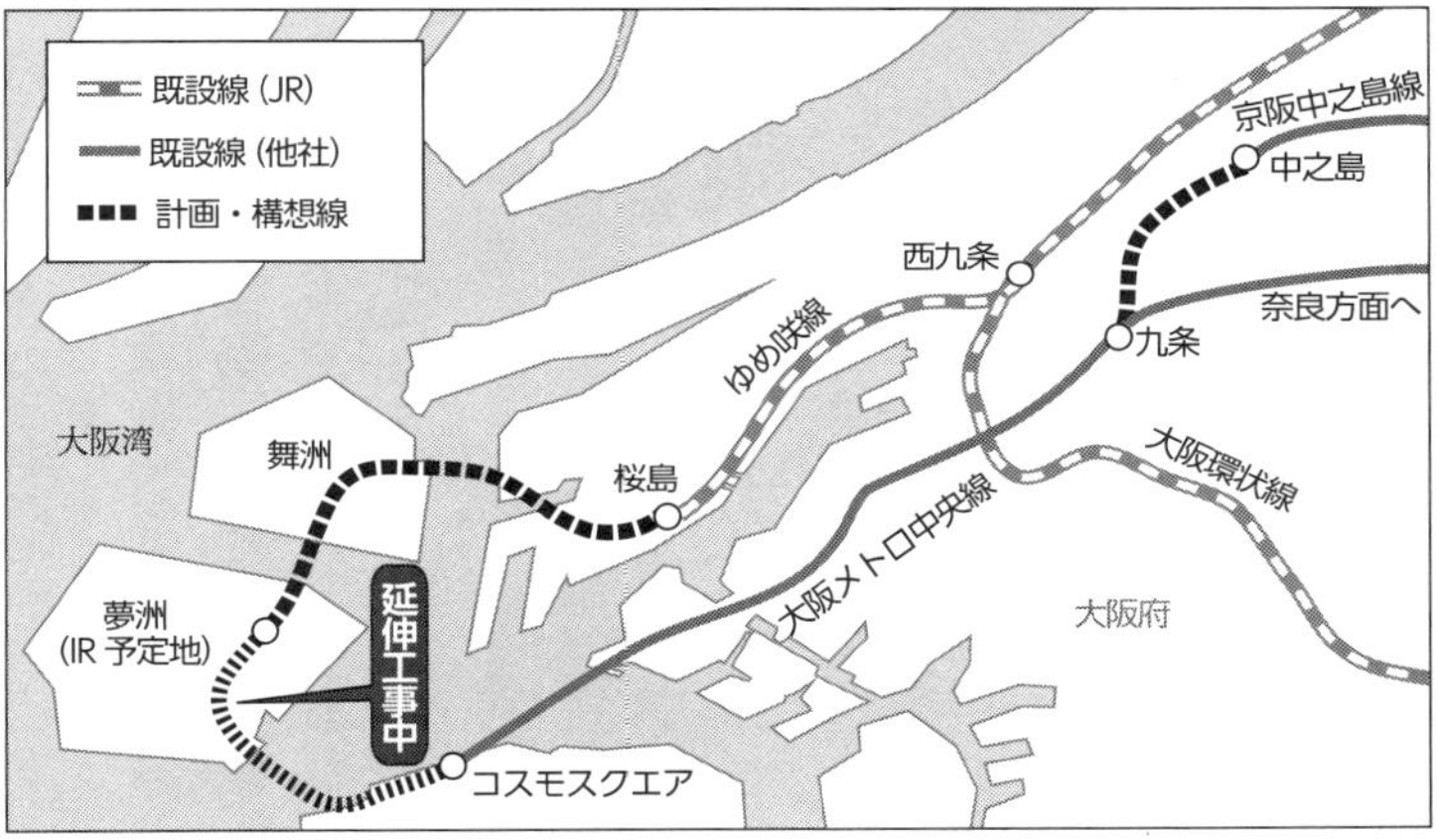

京阪中之島線は利用が低迷しているので、京阪としては九条延伸に活路を見出《みいだ》したいところだろう。とはいえ、作ったところで目論見《もくろみ》どおり利用者が増えるかといえば、疑わしくもある。いずれにしろ、IRが本決まりとなり、その内容が明確にならないと決断はできないだろう。

IR関連路線のもうひとつが、JRゆめ咲線（桜島線）延伸である。JRゆめ咲線は、西九条駅から桜島駅までの4・1kmを結ぶ路線で、これを夢洲まで延伸する計画だ。延伸距離は約6kmで、完成すれば大阪—夢洲間が22分で結ばれる。

JR西日本は22年度までの中期経営計画で「夢洲アクセス検討」を掲げ、IRが実現した場合に、整備を検討する姿勢を示していた。

ただ、前述のようにIR計画には不透明感が漂い、どれだけ集客力のある施設ができるのか、はっきりしない。新型コロナ禍も重なり、JRは姿勢を転換。25年度までの中期経営計画では、ゆめ咲線延伸にかかわる記載はなくなっている。

「神戸空港地下鉄」実現の可能性はあるか？——【時期未定】

神戸空港は近畿圏で3番目にできた空港である。30年頃の国際化が決まっていて、25年には新ターミナルも竣工《しゅんこう》する。将来的には、現状の倍の年間700万人の利用者を見込んでいるという。

ここで心配になるのが、空港アクセスの容量だ。現在、神戸空港にはポートライナーという新交通システムが乗り入れていて、市の中心部・三宮まで18分で結んでいる。しかし、新交通システムの輸送力は鉄道に比べて3分の1程度。沿線の利用者も多く、いつも混雑している。このうえ空港利用者が増えたら、運びきれなくなりそうだ。

そこで浮上しているのが、地下鉄建設計画である。地元紙の神戸新聞は23年元日紙面で、三宮—神戸空港間8㎞の地下鉄計画を神戸市が調査していると報道した。

その調査結果は明らかにされていない。神戸市は空港地下鉄の建設について公式に発表したことはなく、市議会の答弁でも、空港需要の増加にはバスの強化で対応する旨の説明をくり返している。

したがって、現時点では神戸空港への地下鉄計画は公式には存在しない。ただ、神戸空港は立地に優《すぐ》れていて、機能強化をすれば利用者増が見込めるため、いずれ地下鉄計画が具体化する可能性はある。しかし、三宮—空港間の地下鉄を単独で整備しても、費用対効果や採算性を確保するのは厳しそうだ。

その場合に考えられるのが、阪急神戸線との直通である。阪急神戸線には神戸市営地下鉄西神《せいしん》・山手線との直通計画があったが、最終的に投資に見合わないとして断念された。しかし、空港地下鉄と三宮でつなぎ、直通運転させるのであれば、「見合う投資」になるかもしれない。

神戸空港地下鉄構想

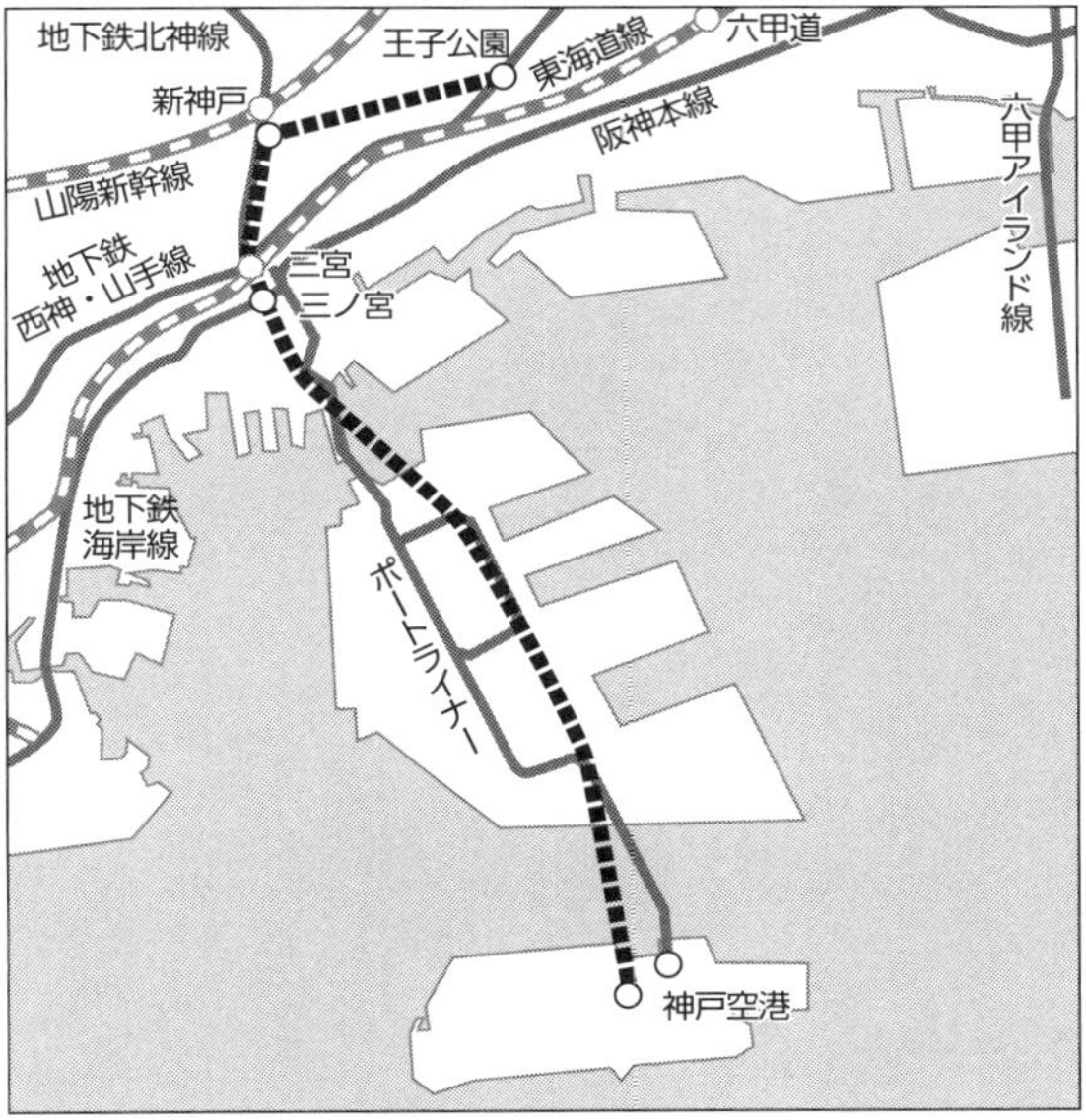

※延伸ルートは筆者の予想

考えられるとすれば、阪急神戸線が王子公園付近で地下に潜り、新神戸駅を経て三宮駅に至り、神戸空港までの新線を作るかたちになるだろうか。そうすれば、大阪梅田駅から新神戸駅、神戸三宮駅を経て神戸空港に至るルートが誕生し、阪神間や新幹線からの空港アクセスが劇的に改善する。

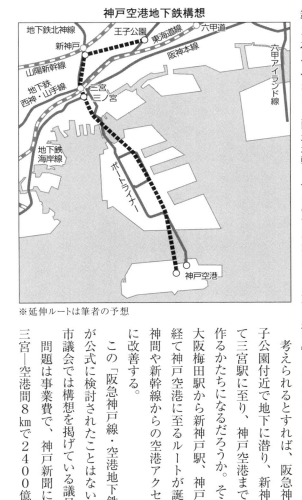

この「阪急神戸線・空港地下鉄直通案」が公式に検討されたことはないが、神戸市議会では構想を掲げている議員もいる。

問題は事業費で、神戸新聞によれば、三宮—空港間8㎞で2400億円と見積もられている。

1kmあたり300億円という試算だが、昨今の建設費の相場を考えればそんなものでは済まず、キロあたり500億円、総額4000億円程度になりかねない。阪急と直通するならそれ以上になる。それだけの建設費をまかなえるだけの需要が神戸空港にあるか、という話だ。

神戸空港の立地は素晴らしいが、建設時の経緯から発着回数を抑制されている。空港国際化後、発着回数を大きく増やすことができるかが、地下鉄建設のポイントといえるだろう。

神戸市では、ポートアイランドで新たなまちづくりの検討も進めている。地下鉄計画が動き出すには、こうしたまちづくり計画の進展も重要になりそうだ。

4章

新幹線と並行在来線の未来

リニア中央新幹線の品川―名古屋間、開業後の姿は?――【2030年代】

建設中の鉄道新線で最大のプロジェクトといえば、いうまでもなくリニア中央新幹線である。東京から名古屋を経て大阪までをリニアモーターカーで結ぶ鉄道新線計画だ。最高設計速度は時速505㎞で、完成すれば、世界最速の営業速度を誇る陸上交通機関となる。

東京側の発着地は品川駅。工事に着手しているのは品川―名古屋間285・6㎞で、途中、相模原市(橋本駅)、甲府市、飯田市、中津川市(美乃坂本《みのさかもと》駅)に駅を作り、名古屋駅に至る。

大阪側の発着地は新大阪駅を予定している。名古屋―新大阪間の詳細ルートは未定。途中、三重県亀山市付近、奈良市付近に駅を設けるが、その位置も決まっていない。開業後は、品川―名古屋間が40分、品川―新大阪間が67分で結ばれる。

リニア品川駅ホームは、東海道新幹線ホーム直下の地下5階に設置する。地下40mの深さだ。地下4階がコンコースで、待合室やトイレを設ける。改札階は他路線と同じ地上2階で、東海道新幹線や在来線改札口と同一平面となる。

名古屋駅のホームは地下4階。こちらも地下30mと深い。東海道新幹線の新大阪方面との乗り継ぎが重要になるが、JR東海では、エレベーター、エスカレーターを多数設置して、乗り換え時間を抑える計画だ。

リニア中央新幹線計画ルート

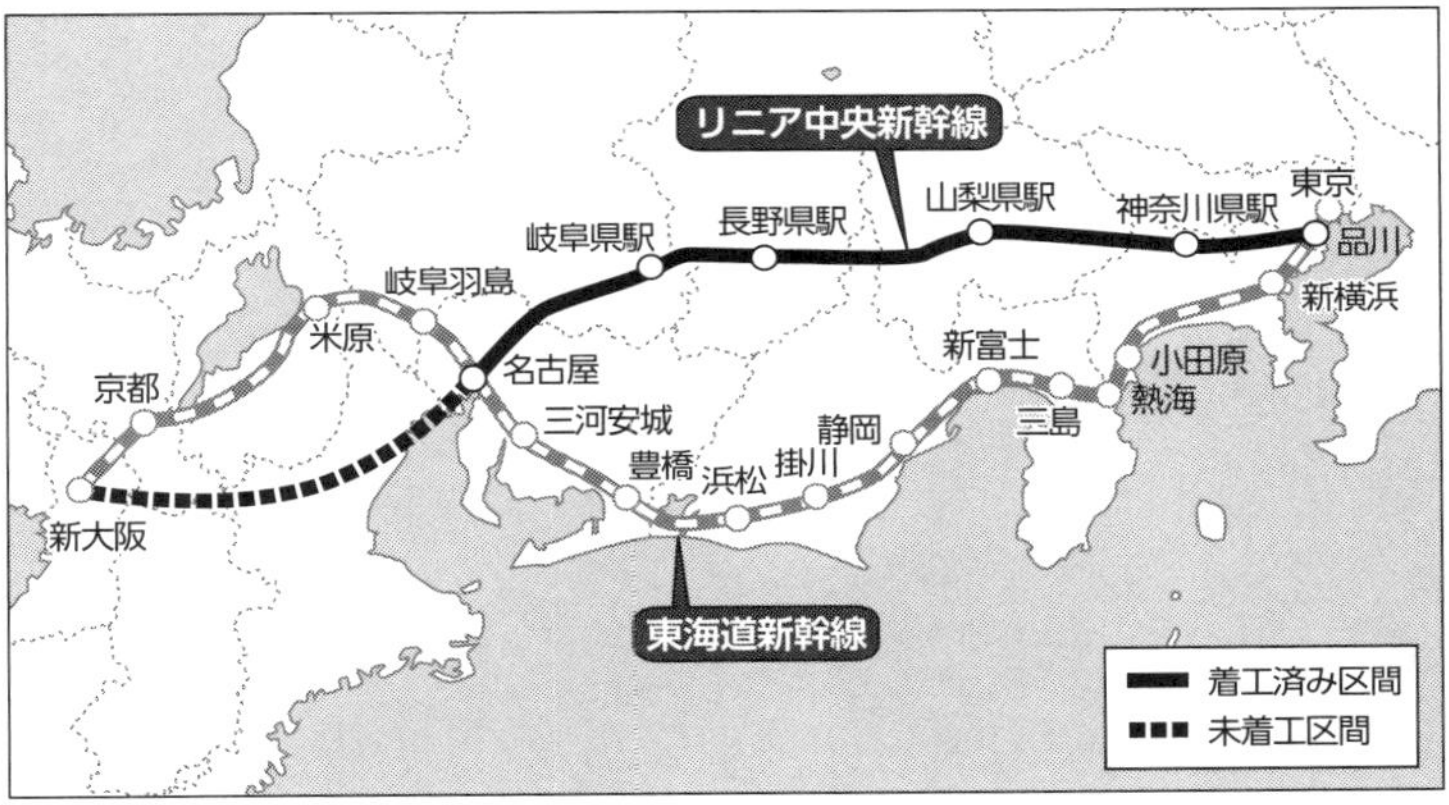

開業後の姿は明らかになっていないことが多い。車両については、現在の東海道新幹線Ｎ７００Ｓの１３１９人と比べると、３割程度、編成定員が少ないそうだ。

その輸送力を前提にダイヤを考えると、現在の東海道新幹線「のぞみ」と同等の、毎時最大12本を設定しても、利用者を運びきれない可能性がある。東海道新幹線は、現在、「ひかり」「こだま」も含め最大毎時19本なので、それに匹《ひっ》敵《てき》する最大20本（３分間隔）くらいを想定しているのではないか。

列車種別は「通過タイプ」と「各停タイプ」に分かれるだろう。「通過タイプ」は品川—名古屋間ノンストップか神奈川県駅（橋本駅）に停まるだけ。「各停タイプ」は全駅停車である。大半の列車が「通過タイプ」になりそうで、神奈川県駅を除く途中駅は、毎時１、２本の停車にとどまりそうである。

名古屋—新大阪間については、ルートも含めて、決まっていないことが多い。新大阪駅が地下に作られるのは間違いないが、北陸新幹線新大阪駅や阪急新大阪連絡線のホームも地下にできるようなので、位置どりが複雑で、設計者は苦労しそうだ。

気になるのは開業時期である。品川―名古屋間は14年に着工し、開業予定は27年とされてきた。しかし、工事は遅れていて、開業予定は先送りされている。正確な時期は未発表だが、30年代半《なか》ば以降になりそうな雲行きである。

名古屋―新大阪間は、名古屋開業後に本格的な工事に着手して、10年程度はかかる見通しだ。政府は37年開業の目標を堅持《けんじ》しているものの、現実には40年代にずれ込むだろう。

品川―名古屋間の総事業費は、当初9兆300億円とされたが、10兆5000億円に上振《うわぶ》れている。鉄道新線としては、未曽有《みぞう》の巨額プロジェクトである。

東北・北海道新幹線、札幌延伸と時速360㎞運転の夢――【2030年代半ば】

24年3月に北陸新幹線が敦賀まで開業したことで、リニアを除く建設中の新幹線は、北海道新幹線新函館北斗―札幌間だけとなった。

北海道新幹線は、新青森―新函館北斗間148・8㎞が開業済みで、新函館北斗―札幌間211・5㎞が整備区間である。途中、新八雲《しんやくも》、長万部《おしゃまんべ》、倶知安《くっちゃん》、新小樽の4駅を設ける。

終点の札幌駅は、現在の在来線ホームの東側、創成川《そうせいがわ》をまたぐ位置に設ける。創成川の西側に再開発ビルを建設し、その3階が新幹線改札口だ。再開発ビルには高速バスターミナルも設置されるので、新幹線からバスへの乗り継ぎは便利そうである。地下鉄は東豊《とうほう》線ホームが近い。

北海道新幹線開業後の所要時間は、新函館北斗―札幌間を最高時速260㎞で運転する場合、東京―札幌間が4時間49分と試算されている。

整備新幹線の最高速度は時速260㎞とされているので、試算はその前提に基づいているが、北海道新幹線はこの上限を超えて、時速320㎞運転とする方針が決まっている。

北海道新幹線計画ルート

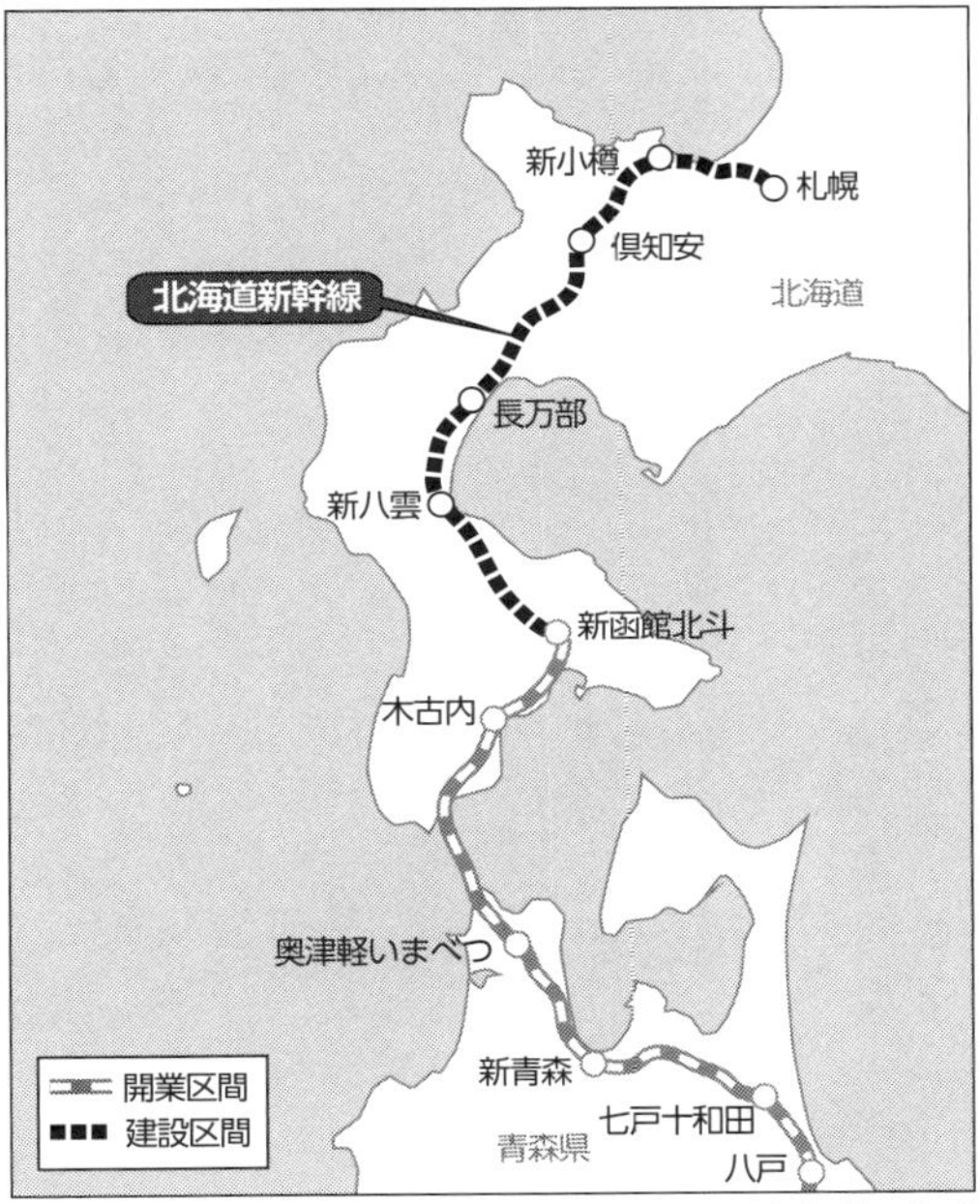

＊鉄道運輸機構ホームページを参考に作成

道内320㎞運転での所要時間がどの程度になるかははっきりしないが、JR北海道は「札幌―東京最速4時間半」の目標を掲《かか》げている。そのためには、北海道内の時速320㎞運転に加え、東北新幹線（宇都宮―盛岡間）での時速360㎞運転や、東北新幹線（盛岡―新青森間）での時速320㎞運転、さらに青函トンネル区間での最高速度向上も必要となるだろう。

東北新幹線での時速３６０㎞運転は、ＪＲ東日本がＥ９５６形式新幹線試験車両「ＡＬＦＡ-Ｘ」で実験中である。これをベースに、北海道新幹線札幌延伸にあわせて新型車両を導入すると見られている。

つまり、新幹線札幌開業時に、宇都宮―盛岡間で時速３６０㎞運転が実現する可能性はある。盛岡―新青森間の時速３２０㎞運転も決定している。一方、青函トンネル区間の速度向上には、ＪＲ貨物とのダイヤ調整が必要で、通年の全時間帯で実現するのは難しい。実現できるとしても一部列車だけだろう。

となると、北海道新幹線札幌延伸開業時の東京―札幌間の所要時間は、最速達列車で最速4時間30分を達成できるかもしれないが、多くの列車で4時間40～50分程度になりそうだ。

北海道新幹線の札幌延伸開業は、30年度末（31年3月）とされていたが、工事には遅延が生じている。新たな開業時期は明示されていないものの、数年の後ろ倒しが確実視されているので、30年代半ばになるだろう。総事業費は当初計画より６４５０億円増加し、２兆３１５０億円と見込まれている。

27年春には、東北新幹線の福島駅で、山形新幹線上りアプローチ線が完成する。福島駅での平面交差が解消され、東北・山形両新幹線でダイヤの自由度が高まる。これも、北海道新幹線札幌延伸による運行本数増に備えたものだ。

北海道新幹線「函館駅乗り入れ」は実現するか?――【時期未定】

北海道新幹線は、現在、新青森―新函館北斗間が開業済みで、札幌駅まで延伸工事中だ。ただし、札幌駅まで延伸しても函館駅は経由しない。

そこで、新函館北斗―函館間の在来線（函館線）に新幹線車両を走らせて、北海道新幹線を函館駅に乗り入れさせる計画が浮上した。ここでは「函館新幹線」計画と呼ぶ。函館市長に就任した大泉《おおいずみ》潤《じゅん》氏が検討を指示し、24年3月に基礎的な調査報告書が公表された。

北海道新幹線「函館駅乗り入れ」構想

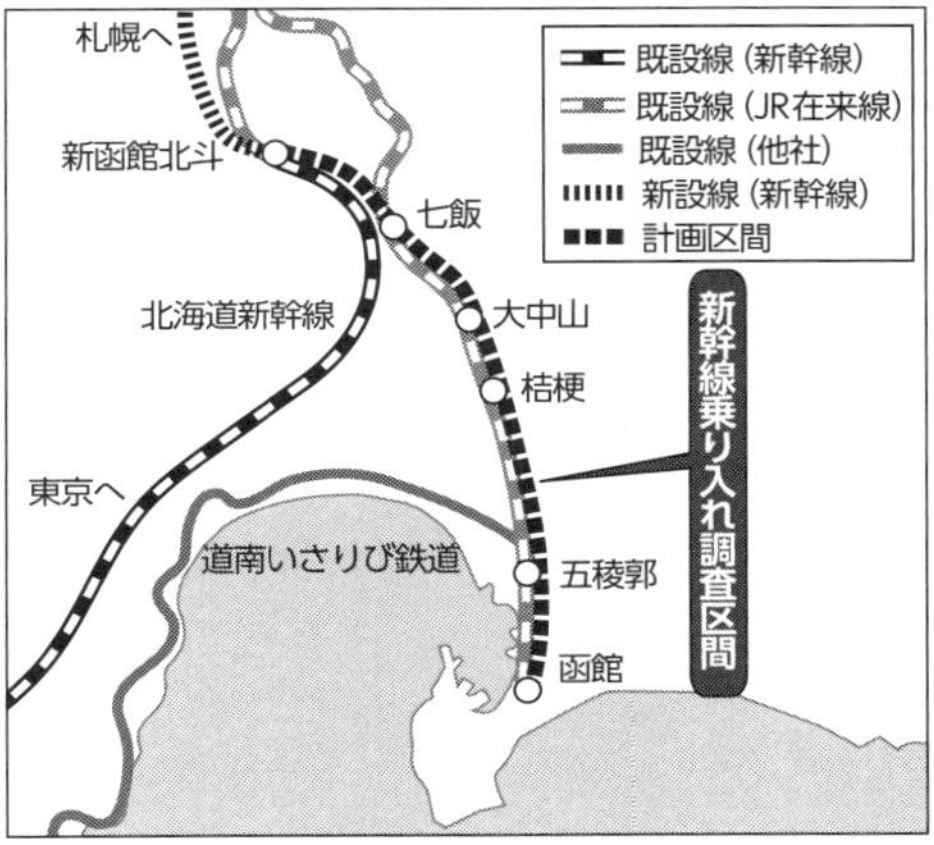

新幹線と在来線では軌間が異なるので、直通するには改軌《かいき》をするか、三線軌にしなければならない。調査報告書では、函館―新函館北斗間18㎞のうち、複線部分の単線のみ改軌する方針を示した。

乗り入れ車両については、フル規格の車両をそのまま入れるか、ミニ新幹線の車両を導入する。新幹線と在来線は電圧が異なるが、車両側を複電圧とすることで対応する。設計から開業まで5年程度と見込んでいて、すぐに事業着手すれば、北海道新幹線の開業に間に合う計算だ。

函館新幹線計画の直通先の目的地は札幌駅となる。実現すれば、札幌―函館間が乗り換えなしの1時間23分で結ばれる。現在の在来線特急「北斗」は3時間50分程度を要しているので、劇的な時間短縮といえる。途中、新小樽駅や倶知安駅も経由するので、小樽、ニセコ、函館という観光地の周遊ルートがより整備されるだろう。

東京方面への直通については、新函館北斗駅で方向転換が必要になるうえ、札幌方面からの列車と併結《へいけつ》するなら増解結が必要になる。したがって、ハードルは高い。

計画に対して、JR北海道の姿勢は冷ややかだ。技術的に不可能ではないとしても、複電圧の車両を用意するのは負担となるし、事業主体や採算性も不透明なため、前向きになれないのだろう。

函館―新函館北斗間は、北海道新幹線開業で第三セクターに移管されるが、新幹線乗り入れが三セク会社の経営にどう影響するかもわからない。そのためか、北海道や他の沿線自治体も、いまのところ慎重な姿勢である。実現には、採算面で見通しがつくかが重要なポイントになりそうだ。

一部区間のバス転換に合意も、函館線の未来は課題山積――【2030年代半ば】

北海道新幹線の札幌延伸で大きな影響を受けるのは並行在来線である。

整備新幹線建設のルールとして、並行在来線は原則としてJRから経営分離される。北海道新幹線札幌延伸で経営分離の対象になりうるのは、函館線の函館―長万部―小樽―札幌間である。このうち、小樽―札幌間は、JR北海道が引き続き運営すると決めた。残る函館―小樽間287・8㎞については、沿線自治体が協議し、第三セクター鉄道として維持するか、バス転換をするかが検討された。

先行して結論が出たのは、「山線」と呼ばれる長万部―小樽間140・2㎞で、22年2月に鉄道廃止とバス転換が決定した。第三セクター鉄道として維持する場合、30年間で864億円の赤字が出ると試算され、沿線自治体として、とても支えきれないという結論になったのである。

ところが、そのバス転換も難航している。長万部―小樽間では、鉄道なみの運行本数でバスを走らせ利便性を確保することを前提として、沿線自治体がバス転換に合意した。しかし、近年のバス運転士不足は深刻で、合計100㎞以上に及ぶ区間を担《にな》えるバス事業者が存在しないのである。どのバス会社も、現状の路線網すら維持できずに減便をくり返していて、新たな路線を引き受ける余力はない。実際、北海道が主要なバス会社に打診したが、色よい返事は得られていないようだ。

24年8月に開かれた対策協議会では、出席した地元のバス事業者が運転士不足の懸念《けねん》を伝えている。現実問題として、今後の運転士不足の深刻さを考えれば、並行在来線の全区間をカバーする代替バス運行は容易ではない。

「海線」と呼ばれる函館―長万部間112・3㎞は最終結論が出ていない。このうち函館―新函館

新幹線札幌延伸で切り離される並行在来線区間

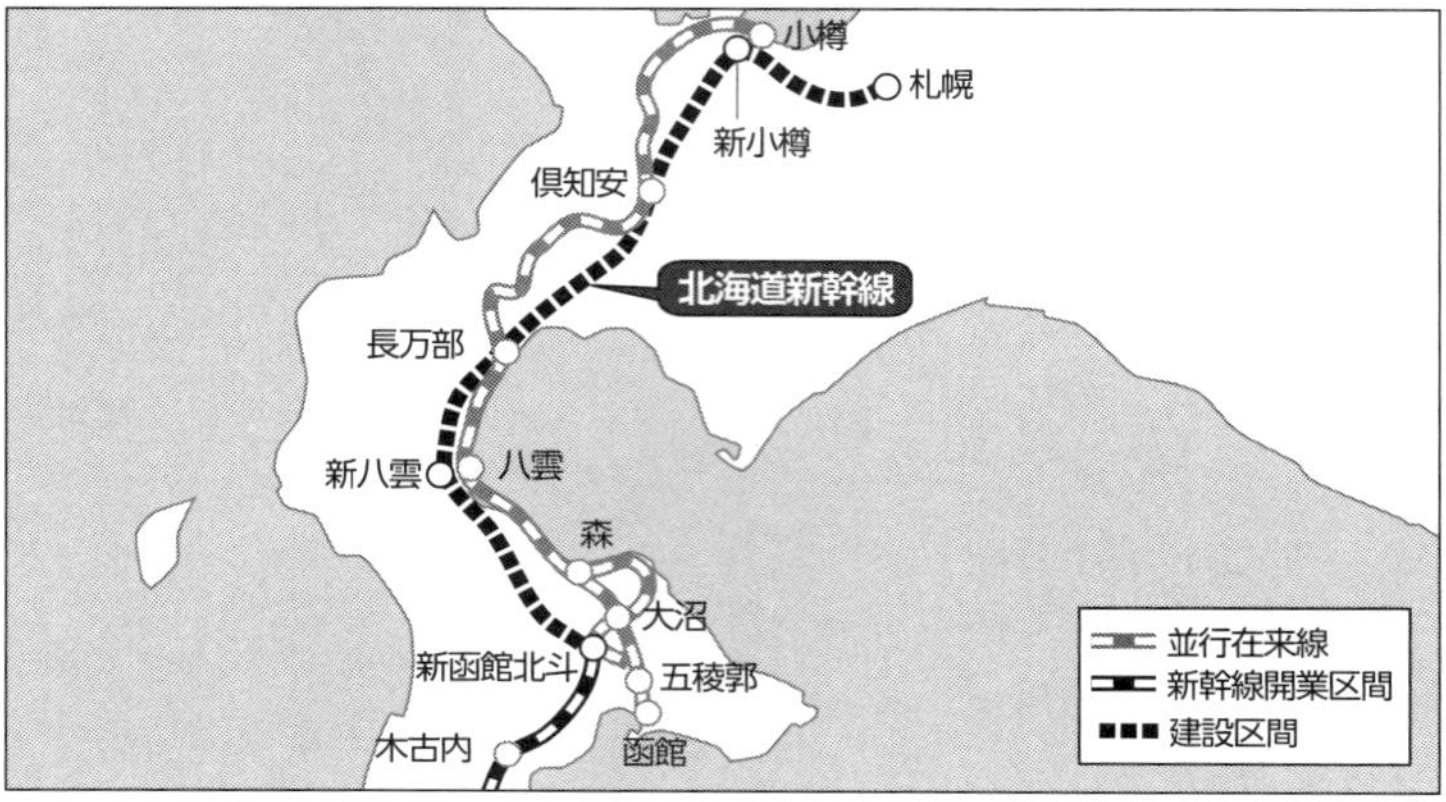

北斗間17・9㎞は函館市が存続を強く求めていて、第三セクターに移管のうえ、存続する可能性が高い。前項の函館新幹線が計画されているのも、この区間である。

難しいのは、新函館北斗―長万部間94・4㎞の扱いだ。この区間の輸送密度を普通列車に限って見てみると、18年度で191。全国的に見ても、かなり低い水準である。

現在は特急列車が走っているので、路線としては4000前後の輸送密度があるが、特急の旅客が新幹線に移ると全国屈指の過疎路線になってしまう、というわけだ。人口減少もあって、60年度には輸送密度が81にまで落ち込むと予測されている。

それを第三セクターとして維持すれば、函館―長万部間の30年累計で744億円という巨額赤字が発生する。そんな金額を負担しきれないので、沿線自治体は、函館近郊を除く新函館北斗―長万部間のバス転換で合意した。

しかし、この区間には貨物列車が多数運行している。旅客列車を廃止しても、貨物列車まで廃止するわけにはいかない。となると、ＪＲ貨物が線路を維持するべきだが、同社とて、数百億円の維持費を負担するだけの経営体力はない。

では、誰が鉄路を維持するのか。整備新幹線開業後、在来線を貨物専用鉄道として存続した例はなく、支援の枠組みも存在しない。国土交通省では、23年から「北海道新幹線札幌延伸に伴う鉄道物流のあり方に関する有識者検討会議」を立ち上げて議論を開始した。26年3月までに提言がまとまる予定である。

三セク鉄道の生命線「貨物調整金」制度はどうなる？――【2030年度以降】

ＪＲ貨物は、線路をほとんど保有していない。貨物ターミナルなどの一部で線路を保有するが、走行区間のほとんどは、ＪＲ旅客会社が保有する線路である。他社の線路に列車を走らせ、対価として線路使用料を払っている。

ただし、その線路使用料は低く設定されている。国鉄改革でＪＲ貨物が誕生する際、経営難が予想されたからだ。具体的には、貨物列車運行による上乗せ経費相当分のみをＪＲ旅客会社へ支払うことになっていて、これをアボイダブルコスト（回避可能経費）ルールという。このルールにより、ＪＲ貨物が負担するのは、レールの磨耗《まもう》にともなう交換費用といった、貨物列車が走行しなければ回避できる経費のみと限定された。

しかし、整備新幹線の開業により並行在来線区間がJRから分離されると、このルールをそのまま適用するわけにはいかなくなった。並行在来線会社の経営環境は厳しい。そのため、使用実態に応じた線路使用料を取らなければ成り立たない。とはいえ、JR貨物も大幅な負担増は受け入れがたい。その結果、「実態に応じた経費」から「回避可能経費」の差額相当分を、国が負担することになった。これを「貨物調整金」といい、鉄道・運輸機構がJR貨物に交付している。

貨物調整金はJR貨物を経由して、線路使用料として並行在来線事業者に支払われる。線路使用料の威力は大きく、たとえば東北新幹線の並行在来線を引き継いだIGRいわて銀河鉄道の23年度決算では、旅客運輸収入10億4836万円に対し、線路使用料収入は27億8122万円にも達している。鉄道関連収入の7割が線路使用料、つまり貨物列車による収益なのである。

全国の並行在来線は、程度の差こそあれ、どの会社も線路使用料収入に大きく依存しており、IGRのように収入の半分以上に達している会社も少なくない。北海道新幹線の並行在来線を引き継いだ道南いさりび鉄道の場合は、9割にも達するという。

貨物調整金の総額は22年度で135億円である。その財源は、整備新幹線のJRへの貸付料と鉄道・運輸機構の特例業務勘定からの繰り入れである。特例業務勘定とは、国鉄清算事業にかかわる業務の経理の勘定で、JR株の売却益、分割払いされる新幹線の譲渡代金などが含まれる。

問題は、この財源が確保されているのは30年度まで、ということだ。31年度以降は「貸付料を財源としない新制度」へ移行することが決定している。すなわち、財源の見通しが立っていない。

30年度というのは、北海道新幹線札幌延伸が予定されていた年だ。実際の開業は遅れることになったが、いずれ札幌延伸が実現し、函館線新函館北斗―長万部間が貨物専用線になるのであれば、現行の貨物調整金の枠組み以外での支援方法が必要になる。当然、必要とする予算も増える。

さらにJR旅客会社も、アボイダブルコストルールによってJR貨物の費用負担が軽減されていることに不満を表すようになった。24年6月の北海道議会の参考人質疑では、JR北海道の綿貫泰之《わたぬきやすゆき》社長が「実態に合わないものになっているので、関係者と使用料の見直しについて協議していきたい」と表明している。

現実問題として、JR北海道のような経営難の会社が、JR上場4社と同じスキームでJR貨物を支援する枠組みを維持するのは難しい局面になってきている。未上場のJR北海道とJR四国に対して、新たな制度が必要となっているのは確かだろう。

整備新幹線建設後の鉄道貨物をどう維持するか。30年度を期限とした貨物調整金のルール変更は、並行在来線の貨物専用線化、JR北海道の経営難、北海道新幹線の開業遅延も織り込みながら、複雑化しそうである。

青函トンネル共用問題と「貨物新幹線」構想の現在――【時期未定】

青函トンネルとその前後の区間は、新幹線と在来線の両方が走れる三線軌条方式になっていて、北海道新幹線と貨物列車が線路を共用している。青函トンネル内では、新幹線も時速１６０㎞に速度を落として運行している。貨物列車の積荷が新幹線の風圧で影響を受けるのを防ぐためだ。かっ飛ばせそうな長大トンネルなのに、出せるスピードは普通の在来線より少し速い程度なのである。

　地上区間も含めた共用区間は82・１㎞にも及ぶ。速度制限のため、この区間の所要時間は時速２６０㎞運転に比べて15分程度余計にかかっている。このままでは、北海道新幹線が札幌まで延伸したとき、東京—札幌間の所要時間が長くなり、飛行機との競争に大きく影響する。

　この問題を解決するため、青函トンネル区間の新幹線の速度向上が、さまざまな角度から検討されてきた。20年度からは、年末年始、ゴールデンウィーク、お盆の時期に、時間帯区分方式による時速２１０㎞走行を実施している。

　将来構想として、「貨物新幹線」といって、貨物を積み込める新幹線車両を開発する動きもある。現在も、ＪＲ各社は新幹線の客室などに貨物を載《の》せる試みを始めているが、貨物新幹線はもっと本格的で、貨物専用の新幹線車両を開発して輸送する構想である。

　ＪＲ貨物は26年までの中期経営計画で「新幹線による貨物鉄道輸送検討」を掲げた。貨物新幹線の計画区間は明らかではないが、青函トンネルが含まれるのは間違いない。

　同社は貨物新幹線と在来線貨物列車の「積替基地」の構造にかんする特許も申請済みだ。北海道と東北地方に積替基地を１か所ずつ設け、在来線の貨物列車と貨物新幹線のあいだで、荷物を積み替える想定のようだ。

ただ、新幹線の軸重《じくじゅう》制限は在来線より厳しく、重量貨物を搭載することはできない。したがって、貨物新幹線を実現できたとしても、在来線の貨物列車を完全に代替することはできず、青函トンネルの共用問題は解決しない。

抜本的《ばっぽん》な解決には、青函トンネルをもうひとつ掘って、貨物列車をそちらに移すしかない。いわゆる「第二青函トンネル構想」である。ただし、国や自治体は検討しておらず、民間から私案が出されているだけである。

先行きが見通せない北陸新幹線の新大阪延伸——【2050年代】

次に新規着工が見込まれている整備新幹線が、北陸新幹線敦賀《つるが》—新大阪間である。この区間には「米原ルート」「小浜《おばま》ルート」「湖西ルート」の3案があったが、「小浜・京都ルート」という新ルートが考案され、16年に正式決定した。

ルート決定時の調査によると、敦賀—新大阪間の距離は143km。途中、東小浜駅付近、京都駅付近、松井山手《まついやまて》駅付近に駅を設ける。途中停車駅はすべて2面2線で想定されていて、待避《たいひ》設備はない。終点の新大阪駅は2面4線の地下駅となる計画だ。

開業すれば、現状の敦賀乗り換えが解消し、大阪・京都と北陸三県が新幹線で直結する。想定所要時間は敦賀—新大阪間が44分、福井—新大阪間が55分、金沢—新大阪間が1時間20分である。

北陸新幹線「新大阪延伸」計画ルート

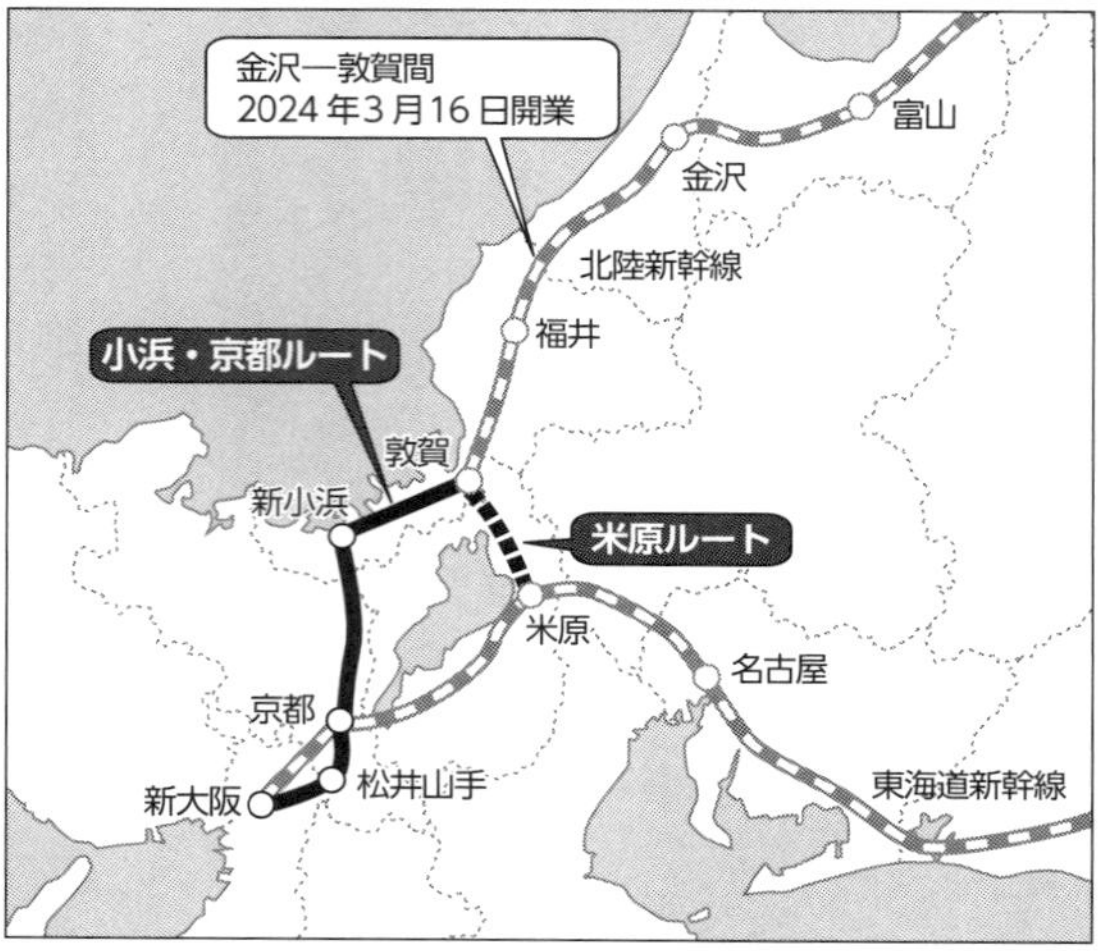

24年8月には、京都市内の駅位置について、「京都駅東西ルート」「京都駅南北ルート」「桂川駅」の3案が提示された。とはいえ、16年のルート決定以来、8年も経っているというのに、まだ詳細ルートが固まっていないわけで、手続きが遅れている観は否《いな》めない。

建設費は、16年の試算では概算で2・1兆円とされたが、詳細ルート検討にあたり再計算したところ、3・4兆〜3・9兆円に上振れすることが明らかになった。想定工期は15年とされていたが、10年ほど延びて25年程度になる模様だ。となると、いますぐ着工しても、開業は50年頃。実際には、もっと遅くなる可能性もある。

進捗《しんちょく》が遅いため、一度は廃案となった「米原ルート」を再検討したらどうか、という声も出ている。米原ルートは、敦賀—米原間を北陸新幹線として建設し、米原駅で東海道新幹線に接続するものだ。しかし、長い議論を経て政治決定した「小浜・京都ルート」を、いまさら「米原ルート」に変更するのも簡単な話ではない。

京都府内の一部地域では、トンネル工事で発生する残土の処理や地下水への影響を住民が懸念し、反対運動も起き始めている。まさに課題山積である。

西九州新幹線に立ちはだかる佐賀県の「正論」——【時期未定】

西九州新幹線は武雄《たけお》温泉—長崎間67kmが22年9月23日に開業した。武雄温泉駅で博多発着の在来線特急と同一ホームで乗り換える、いわゆる「リレー方式」による運行である。開業により博多—長崎間が、乗り換え時間を含めて最速1時間20分で結ばれた。

西九州新幹線は博多—長崎間を結ぶ整備新幹線である。博多—新鳥栖《しんとす》間28・6kmは九州新幹線と共用するので、新鳥栖—武雄温泉間51kmが未開通である。当初は、フリーゲージトレインを開発し、在来線と新幹線を直通運転する計画だった。しかし、開発が頓挫《とんざ》。武雄温泉駅で乗り換える状態が続いている。

新鳥栖—武雄温泉間をフル規格新幹線で建設すれば、博多—長崎間を新幹線で直通できる。所要時間はわずか51分だ。博多—佐賀間も20分で結ばれ、現状より15分短縮される。

では、新鳥栖—武雄温泉間がいつ開業するのかというと、何も決まっていない。沿線の佐賀県が建設を求めていないからである。

佐賀県からすれば、西九州新幹線は、所要時間の短縮効果のわりに建設費の負担が大きい。新幹

西九州新幹線計画ルート

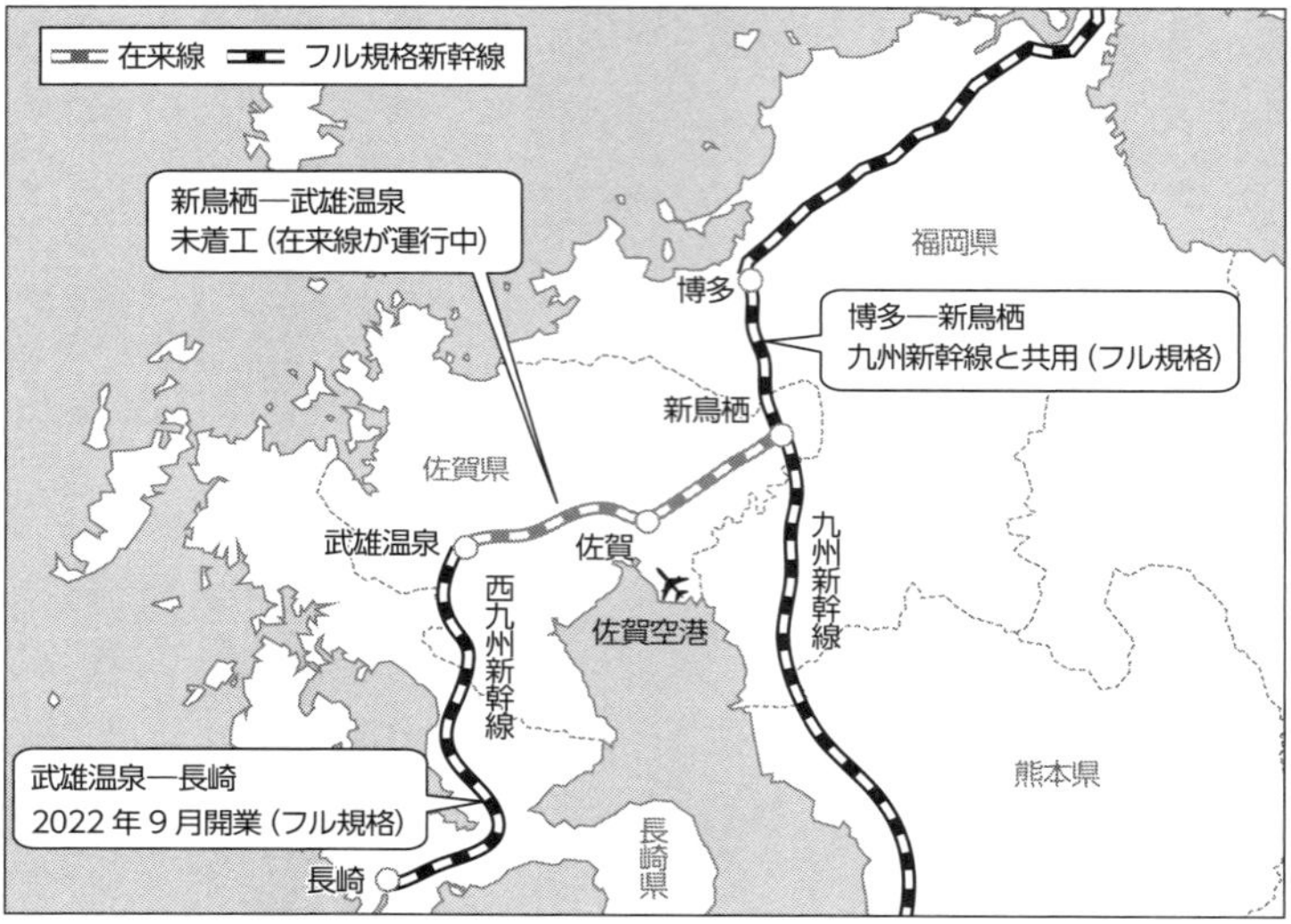

線ができて在来線特急が廃止されると、博多駅までの料金が高くなり、住民が使いにくくなる可能性もある。

新大阪駅への直通にはメリットもあるが、利用者が博多駅までに比べ圧倒的に少ない。こうしたことから、佐賀県は「現状のままでいい」と判断しているのである。

とくに問題とされている建設費は、６２００億円と見積もられている。この区間はすべて佐賀県内で、同県の建設費の実質負担額は６６０億円となる。佐賀県の一般会計予算は年間５２００億円程度なので、６６０億円はその１割を超える金額である。近年の建設費増を見ると、この数字も上振れする可能性が高い。

佐賀県は国土交通省と協議をしてきたが、一致点は見出《みいだ》せていない。佐賀空港経由など他ルート案も検討されたが、佐賀駅を通らない案は採算面で難があり、実現性は低い。

佐賀県としては、フリーゲージトレインによる西九州新幹線計画に同意したことはあっても、フル規格新幹線の建設に同意したことはない。しかし、国交省は、フリーゲージトレイン開発の匙《さじ》を投げてしまった。佐賀県としては、国の開発失敗の尻ぬぐいを求められているかたちになっていて、何の補償もないまま建設に同意するわけにはいくまい。

この問題で「正論」を展開しているのは佐賀県である。分《ぶ》が悪い国交省としては、佐賀県の負担軽減案も検討しているようだ。ただ、整備新幹線の建設スキームには公平性が求められるので、佐賀県だけ特別扱いにするわけにもいかず、いまのところ具体案は明らかにされていない。

西九州新幹線新鳥栖―武雄温泉間は、整備新幹線最後の未着手区間である。ここを着手すれば、1973年に決定した整備新幹線の全線開業への道が開ける。しかし、その実現は見通せず、袋小路に陥《おちい》ってしまった。

整備新幹線の建設スキームは曲がり角に

整備新幹線は、北海道、東北（盛岡以北）、北陸、九州、西九州の5路線である。鉄道・運輸機構が施設を建設・保有し、JRが施設を借りて運営する上下分離方式が導入されている。JRは対価として線路使用料（貸付料）を機構に支払う。

建設のための財源は、まず、すでに開業している整備新幹線からの貸付料を充《あ》てる。残りの建設費の3分の2を国が負担し、3分の1を地方が負担する。ただし、地方交付税による措置《そち》などもあり、地方の実質負担分はその半分程度とされる。新幹線の走行区間が複数の都道府県にまたがる場合は、距離に応じて負担額が決まる。

「着工5原則」と呼ばれるルールもある。①安定的な財源見通しの確保、②収支採算性、③投資効果、④営業主体としてのJRの同意、⑤並行在来線の経営分離についての沿線自治体の同意、の5つである。

この5原則をクリアして、整備新幹線は初めて着工できる。逆にいえば、地方つまり沿線の都道府県や市町村が負担に応じなかったり、並行在来線の経営分離に同意しなければ、整備新幹線は作れない。西九州新幹線では、佐賀県が建設費の負担にも在来線の分離にも同意しないので、国やJRが作りたくても作れない状況に陥っている。

似たような例は北陸新幹線でもあって、敦賀―新大阪間に位置する滋賀県は建設費負担や並行在来線分離に消極的だった。選択された「小浜・京都ルート」は滋賀県を回避するルートである。

この枠組みのままでは、新たな新幹線を作るのが難しくなる。たとえば、四国への新幹線を作る際、現在の枠組みでは岡山県が県内区間の負担をしなければならないが、巨費に見合うメリットを見出すのは難しく、消極的な姿勢になりかねない。

並行在来線の経営分離も問題だ。北海道新幹線札幌延伸では、並行する函館線の大部分で鉄道の旅客営業が廃止される。沿線の余市町《よいち》が第三セクターでの存続を主張したが、並行在来線の分離に同意してしまったために、巨額の維持負担を求められることになり、断念せざるを得なかった。

「余市の悲劇」は、今後の新幹線建設に影響を与えるだろう。新幹線建設でメリットを享受《きょうじゅ》しない基礎自治体は、並行在来線の移管に同意しなくなる。在来線沿線の市町村がひとつでも在来線分離に反対すれば、現在の枠組みで新幹線を作るのは難しい。

建設財源となる貸付料についても不確定要素がある。貸付料の支払いは、建設から30年間と定められている。一方、最初の整備新幹線（高崎～長野間）が開業したのは97年である。つまり、27年に貸付料の支払期限が終わる。支払期限終了後の貸付料がどうなるか、公式に発表された事項はない。

期限が終了しても、設備がＪＲに無償譲渡されるわけではないので、支払期間を延長することになるのだろう。しかし、期限延長にあわせて金額を変えるかなどは不明確である。また、貸付料は一度決めたら期限まで変更しない取り決めのため、インフレによる建設費の高騰《こうとう》に貸付料による財源が追いついていかなくなる懸念もある。

整備新幹線の建設スキームが曲がり角にあることは確かである。現実に、北陸新幹線新大阪延伸や西九州新幹線の建設費をめぐって、スキームを変更すべきという声もある。しかし、いま新幹線建設スキームを改めるのであれば、「今後、新幹線をどこまで作るのか」という大きな問いが投げかけられることになるだろう。それに対する答えをまとめるのは、非常に大きな政治課題にならざるを得ない。

新幹線の基本計画路線は、全部建設されるのか?

「新幹線をどこまで作るのか」という問いは、日本の鉄道の未来を考えるうえで、重要な論点である。整備新幹線5路線の全線開業が視野に入る段階になってきたため、そう遠くない将来に真剣な議論をしなければならなくなる。

全国新幹線計画には、整備計画路線のほか、基本計画区間が定められている。基本計画区間は1973年に決定したが、中央新幹線(東京都―名古屋市―大阪市)がリニアとして着工されたほかは、すべて未着手である。以下の11路線だ。

- 北海道新幹線(札幌市―旭川市)
- 北海道南回り新幹線(長万部町―室蘭市―苫小牧市―千歳市―札幌市)
- 羽越新幹線(富山市―新潟市―秋田市―青森市)
- 奥羽新幹線(福島市―山形市―秋田市)
- 北陸・中京新幹線(敦賀市―名古屋市)
- 山陰新幹線(大阪市―鳥取市―松江市―下関市)
- 中国横断新幹線(岡山市―松江市)

- 四国新幹線（大阪市—徳島市—高松市—松山市—大分市）
- 四国横断新幹線（岡山市—高知市）
- 東九州新幹線（福岡市—大分市—宮崎市—鹿児島市）
- 九州横断新幹線（大分市—熊本市）

新幹線を今後も作り続けるのであれば、「次の整備新幹線」はこのなかから選ばれることになる。とはいえ、整備新幹線5路線の建設だけで半世紀以上を要しているので、これらの基本計画区間をすべて建設するとなれば、いつ完成するのかまったくわからない。

というよりも、全部作るのは無理であろう。半世紀前に立てられた計画なので、現代の旅客流動とあっていない部分もあり、計画どおり作る必要もなくなっている。

政府もそうした認識を持っているようで、23年度の『骨太《ほねぶと》の方針』（経済財政運営と改革の基本方針）では、「基本計画路線及び幹線鉄道ネットワーク等の高機能化等の地域の実情に応じた今後の方向性について調査検討を行う」と盛り込んだ。新幹線の基本計画路線について、「地域の実情に応じて」柔軟に検討していいと、お墨《すみ》付きを与えた格好である。

これを受け、基本計画路線の沿線自治体は、「次の整備新幹線」を目指した動きを活発化させている。地域の実情に応じた調査を政府が認めたことで、各地で新たな新幹線建設に向けた検討がおこなわれるようになってきたのである。

ただし、『骨太の方針』には「基本計画路線」と並列で「幹線鉄道ネットワーク等の高機能化」が記されている。これは大きなポイントと考えられるので、次項で説明しよう。

国交省が検討する「新幹線の効率的な整備手法」とは

『骨太の方針』に基本計画路線にかんする一文が盛り込まれる少し前から、国土交通省は「次の新幹線」を整備する新たな手法を探り始めていた。そのひとつが、『幹線鉄道ネットワーク等のあり方に関する調査』（以下、幹線鉄道ネットワーク調査）である。この調査は、「新幹線の効率的な整備手法」や「在来線高速化手法」などを研究することを目的としている。

「新幹線の効率的な整備手法」と聞くと興味深いが、資料を読んでみると、新幹線を「複線フル規格以外で作る方法」の調査と表現したほうがいいかもしれない。例として挙げられているのは、単線整備や段階的整備である。

単線整備の場合、複線フル規格に比べて2～3割程度建設費を削減できる。所要時間は複線と大きくは違わない。運行できる列車本数が片道毎時2本程度に限られるが、これから新幹線を整備する区間の需要には見合っている。

段階的整備は、在来線を改良して、段階的に高速化していく手法である。たとえば、第1段階では在来線を改軌して既存新幹線と直通する。いわゆる「ミニ新幹線」である。

新幹線の段階的整備

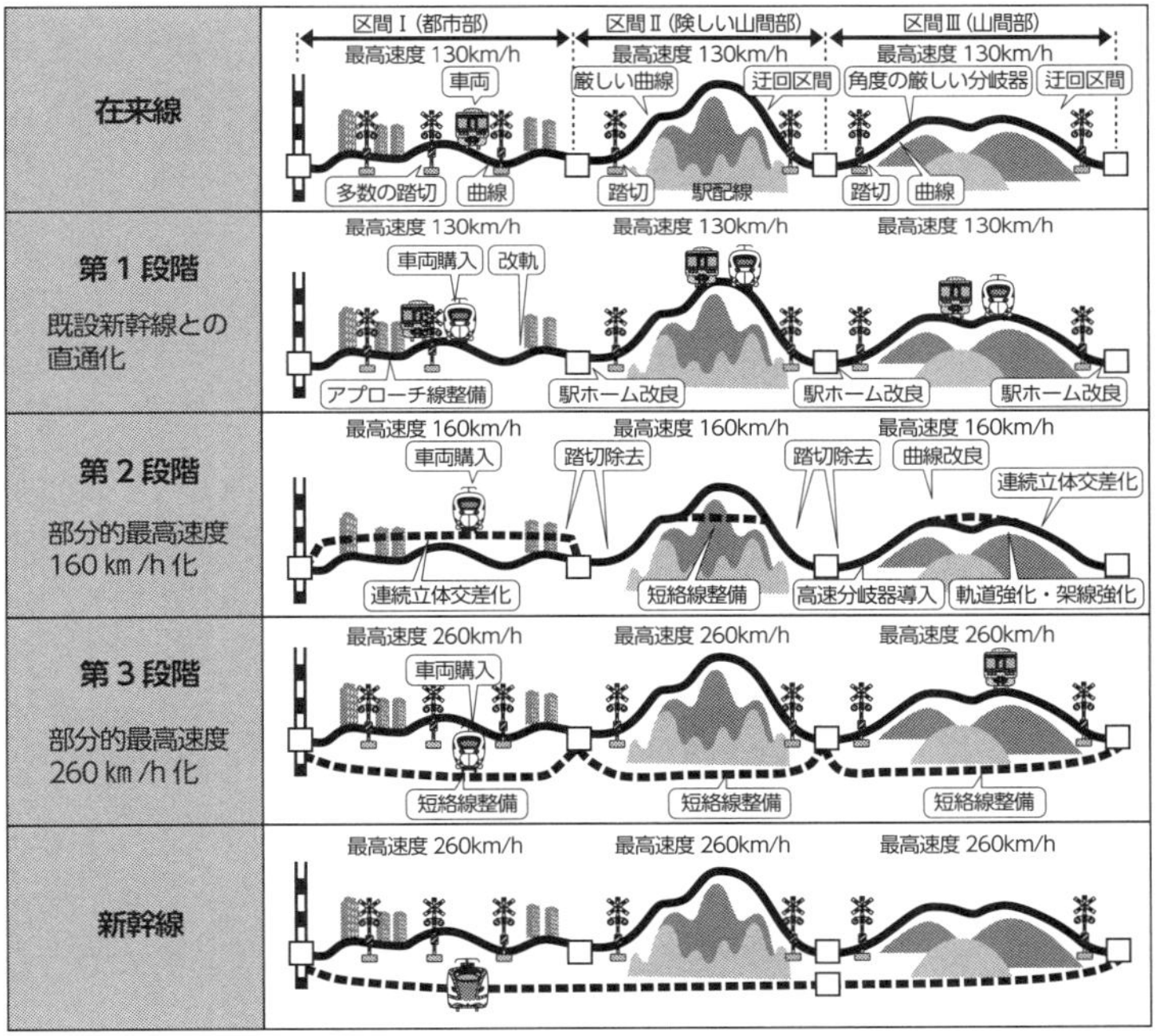

＊「幹線鉄道ネットワークのあり方に関する調査（令和3年度）」を参考に作成

第2段階は、ミニ新幹線の最高速度を部分的に時速160㎞に引き上げる。そのために、都市部では連続立体交差化をおこなって踏切を除去し、山間部では曲線を改良したり短絡線を整備したりする。

第3段階として、部分的に最高速度を時速260㎞に引き上げる。険しい山間部では長大トンネルなどの短絡線を整備する。最高時速260㎞の区間を拡大していけば、最終段階として「フル規格新幹線」となる。

新幹線を一気に整備すると財政負担が重いので、まずはミニ新幹線化をおこない、山間部など表定速度が遅い区間でトンネルなどを掘って、全体の表定速度を徐々に上げていこうという考え方である。

ミニ新幹線化には問題点もある。まず、在来線を改軌するので、貨物列車が走れなくなる。工事期間は、普通列車の運行にも支障が生じる。そのため、貨物列車が走っておらず、改軌工事で在来線の運行を年単位で運休しても支障がない区間でなければならない。それを前提とすると、基本計画路線で適用できそうな区間は、ほとんどない。

そこで検討されそうなのが、在来線を狭軌《きょうき》のまま高速化していく手法である。既存新幹線と直通しない前提で在来線を高速化する。そのために、在来線の短絡線や高架別線を段階的に整備する。短絡線や別線は、将来的にミニ新幹線やフル規格新幹線として活用することも視野に入れる。狭軌は速度が低いのが難点だが、最高時速２００㎞も視野に入れた技術開発を検討する。

在来線の高速化なら、市街地の停車駅で既存線を活用できるので、建設費を安くできる。また、貨物列車の運行を継続でき、並行在来線も発生しない。そのため、適用できる区間が多い。

かつて「スーパー特急」（新幹線鉄道規格新線）という整備新幹線の建設方式があったが、基本的な考え方は同じである。過去、スーパー特急方式で事業着手した区間は、すべてフル規格に格上げとなった。そう考えると、今度もまた「格上げ」の前段階にも見えてしまうが、基本計画路線には、どう見てもフル規格で作るのが難しい区間があるので、適用の余地はありそうだ。

『幹線鉄道ネットワーク調査』から察せられることは、国交省として、基本計画路線のいくつかの整備を考えているが、複線フル規格新幹線を作ることには消極的である、ということだ。単線やミニ新幹線から段階的に整備したり、在来線を狭軌のまま高速化したりする方法での実現を探っていることがうかがえる。

となると、『骨太の方針』のいう「地域の実情に応じた」新幹線整備とは、こうした手法を取り入れたかたちになるのだろう。単線新幹線やミニ新幹線のほか、在来線改良による高速化も、基本計画路線での整備方式になるのではないか、ということだ。

現実問題として、北陸新幹線や北海道新幹線の建設費高騰を見ると、基本計画路線をすべてフル規格で作るだけの財源を、これからの人口減少時代に確保できるとは思えない。となると、基本計画路線の整備は、多くの区間で在来線改良からスタートせざるを得ないだろう。

そうした視点で、全国の基本計画路線のうち、沿線自治体で建設に向けた動きのある路線を見ていこう。

北海道新幹線の旭川延伸と北海道南回り新幹線の可能性——【時期未定】

北海道新幹線は新函館北斗—札幌間が建設中で、札幌—旭川間が全国新幹線計画の基本計画路線とされている。

正直なところ、新幹線の旭川延伸といっても、これまでは夢物語だった。しかし、札幌延伸開業が視野に入る段階になり、旭川延伸も意識されるようになってきた。21年には、北海道新幹線旭川

北海道新幹線「旭川延伸」構想

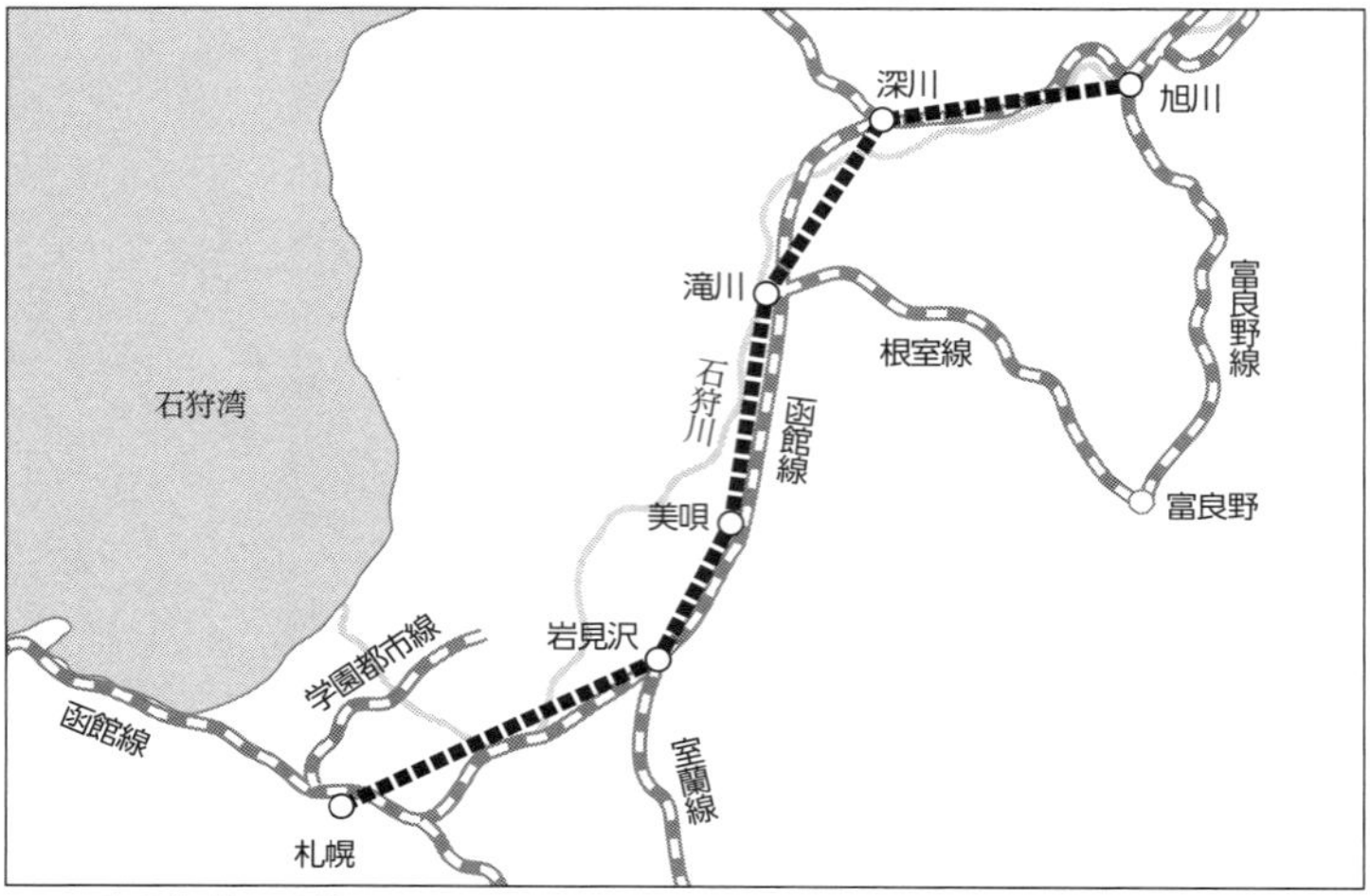

※ルートは筆者の予想

延伸促進期成会が設立されている。

期成会のウェブサイトによれば、札幌―旭川間の所要時間は、時速360km運転で29分、260km運転で35分だという。現在は1時間25分かかっているので、劇的な短縮である。

しかし、札幌―旭川間に新幹線を作ると、並行在来線となる函館線の扱いが問題になる。札幌圏の札幌―岩見沢間はともかく、岩見沢―旭川間の利用者は激減が見込まれるので、存廃が議論されかねない。

とはいえ、岩見沢―旭川間の在来線を廃止してしまうと、宗谷線や石北《せきほく》線、富良野《ふらの》線方面が宙に浮き、貨物列車も走れなくなる。そうなるとJR北海道もJR貨物も沿線自治体も困る。

こうした事情もあってか、JR北海道は札幌―旭川間について、新幹線ではなく在来線を高速化する目標を掲げている。24年に発表した中期経営計画では、札幌—旭川間を60分で結ぶ構想を打ち上げた。

札幌—旭川間は136・8㎞もある。60分で結ぶには表定速度137㎞が必要で、最高時速160㎞でも実現は難しく、時速180㎞以上が必要になると見られる。それを構想に掲げたということは、『幹線鉄道ネットワーク調査』で示されたような、在来線改良による、これまでにない高速化を想定しているのだろう。

在来線で高速運転ができるのは、主に直線区間である。幸いなことに、札幌—旭川間には長大な直線がある。在来線高速化に挑《いど》むにはもってこいの線形だ。

こうしたことから、新幹線の基本計画路線を札幌—旭川間で整備するのであれば、在来線改良というかたちで進められそうである。並行在来線問題が発生せず、石北線や宗谷線特急も直通でき、貨物列車も運行できるというメリットは大きい。

在来線高速化には、軌道強化や線形改良、踏切の除去などが必要となる。とくに踏切の除去は難題で、連続立体化をするしかない。100㎞以上の長大区間を立体化するとなると、途方もない予算と時間がかかる。

そのため、札幌—旭川間の全線高速化が近い将来に実現するのは難しそうだ。しかし、軌道強化も線形改良も立体化も少しずつ進めることはできる。輸送改善を着実に進める手法としては現実的で、だからこそ、JR北海道が将来構想として掲げたのだろう。

北海道内には「北海道南回り新幹線」という基本計画路線もある。長万部町から室蘭市、苫小牧市、千歳市を経由して札幌市に至る新幹線である。在来線の室蘭線・千歳線をなぞるルートだ。建設促進に向けた目立った動きは見られない。長万部—室蘭—札幌間をフル規格新幹線で作ると並行在来線が発生し、新函館北斗—長万部間のように貨物列車の扱いで大きな問題が生じる可能性がある。しかも、北海道新幹線が札幌まで開業すれば、この区間を高速化する意味は小さい。こうしたことから、北海道南回り新幹線を建設する意義は見出しにくい。

ただし、千歳線の札幌—新千歳空港間だけは例外で、輸送力増強が求められている区間である。JR北海道も同区間の高速化構想を掲げている。同区間は北海道南回り新幹線の一部なので、在来線高速化として整備する可能性はありそうだ。

羽越・奥羽新幹線実現の突破口はどこに？——【時期未定】

羽越《うえつ》新幹線と奥羽《おうう》新幹線も、全国新幹線計画の基本計画路線に位置づけられている。計画区間は、羽越新幹線が富山—新青森間、奥羽新幹線が福島—秋田間である。羽越新幹線の一部（富山—上越妙高間、長岡—新潟間）は、北陸新幹線と上越新幹線として開業済みだ。

未開業区間にかんしては、山形県を中心とした沿線6県が「次の整備新幹線」入りを目指して建設促進運動を開始している。17年に「羽越・奥羽新幹線関係6県合同プロジェクトチーム」が結成され、需要予測や費用対効果を算定する調査結果が20年に公表された。

調査結果の報告書によると、想定ルートの総延長は、羽越新幹線が656・3㎞、奥羽新幹線が265・6㎞。概算工事費は、全線を複線フル規格で、これまでの新幹線と同等のものを建設する場合、5兆4833億円と試算された。費用を圧縮した場合で、4兆3933億円となっている。費用便益比は、整備方法にもよるが0・62から0・96で、基準となる「1」を上回ることはできない。

全体として事業費が非常に高く、費用便益比は低い。しかも、主たる沿線である山形県の50年の生産年齢人口予測は34万人、秋田県は24万人にとどまる。人口減少が急速に進むなか、羽越・奥羽新幹線を全線フル規格で着工する見通しは持てない。

「羽越・奥羽新幹線」構想

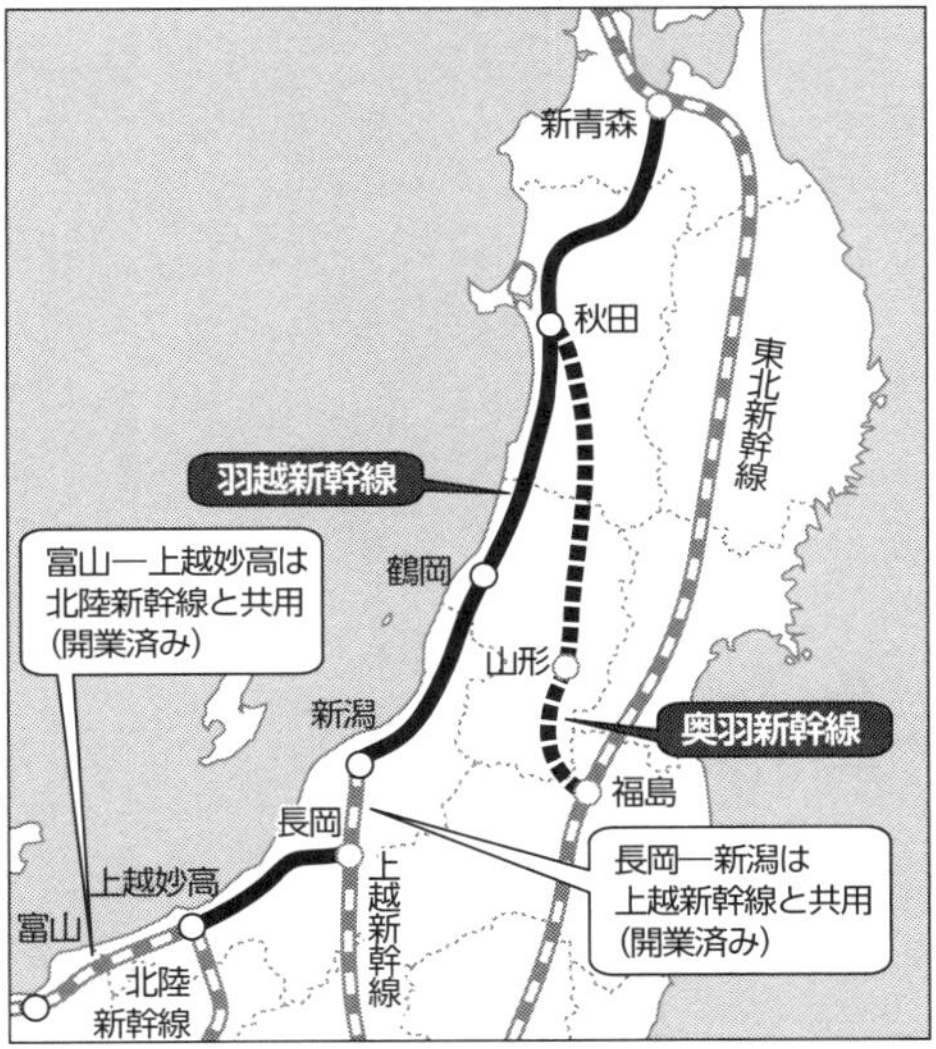

＊6県合同プロジェクトチームの資料を参考に作成

したがって、現時点で全線の建設費の大きさを議論することに、あまり意味はない。それより重要なのは、日本海側や東北内陸部の幹線鉄道ネットワークを、どういう手順で「地域の実情に応じた」かたちで高速化させていくか、ということではないだろうか。

幸いなことに、沿線では、山形新幹線（福

島―新庄）と秋田新幹線（盛岡―秋田）がミニ新幹線として開業している。前述した段階的整備の第1段階には達しているわけである。これを段階的にフル規格新幹線に「進化」させていくことが、羽越・奥羽新幹線の突破口となるだろう。

山形新幹線では、福島・山形県境の板谷《いたや》峠に新たなトンネルを掘る計画がある。全長23㎞の米沢トンネルで、完成すれば福島―米沢間が10分程度短縮できる。山形県はこれをフル規格新幹線の断面で建設する意向を示していて、実現すれば米沢トンネル区間は「フル規格新幹線仕様」となり、高速走行ができるようになる。総事業費はフル規格断面で1620億円と試算されている。

次の段階として、米沢―山形間でも高架化や線形改良を進め、最終的に最高速度を時速260㎞に上げていけば、山形新幹線はフル規格新幹線に成長し、奥羽新幹線の一部を構成する。

一方、秋田新幹線では、岩手・秋田県境に新仙岩《しんせんがん》トンネルを掘る構想がある。全長12㎞のトンネルで、完成すれば盛岡―秋田間を7分短縮する。総事業費は700億円である。

秋田新幹線のうち盛岡―大館《おおだて》間は基本計画路線に含まれていない。しかし、奥羽新幹線を福島―秋田間で整備するより、新仙岩トンネルをはじめとした、秋田新幹線の短絡線整備による高速化を急いだほうが効果的だろう。それこそが、幹線鉄道ネットワークの「地域の実情に応じた」整備手法といえるのではないだろうか。

北越急行がミニ新幹線になる?「新潟県内鉄道高速化」のゆくえ——【時期未定】

羽越新幹線の未着手区間は、上越妙高—長岡間と新潟—新青森間である。このうち、上越妙高—長岡間は新潟県内のミッシングリンクとなっていて、同県で建設への要望が高い。

この区間ができれば、北陸新幹線と上越新幹線が新潟県内で直結するという効果もある。北陸新幹線が新大阪駅まで延伸すれば、新大阪—新潟間の新幹線列車も設定できる。

新潟県では、この区間について「高速鉄道ネットワークのあり方検討委員会」で検討をしている。候補となっているのは、次の4案だ。

①信越線ミニ新幹線化（長岡—上越妙高間）
②信越線ミニ新幹線化（長岡—糸魚川《いといがわ》間）
③信越線改良（改軌なし）
④北越急行ミニ新幹線化

①②は、信越線とえちごトキめき鉄道（トキ鉄）の改軌案、③は在来線を改軌しないで線形改良する案である。④は北越急行を改軌したうえで、北陸・上越両新幹線との連絡線を建設する案だ。

比較的工事費が安く、時間短縮効果が高いのが②の長岡—糸魚川ミニ新幹線化案である。信越線・トキ鉄の複線部分の単線のみ標準軌に改軌してミニ新幹線を走らせ、上越・北陸新幹線に直通させ

新潟県内鉄道高速化4案のイメージ

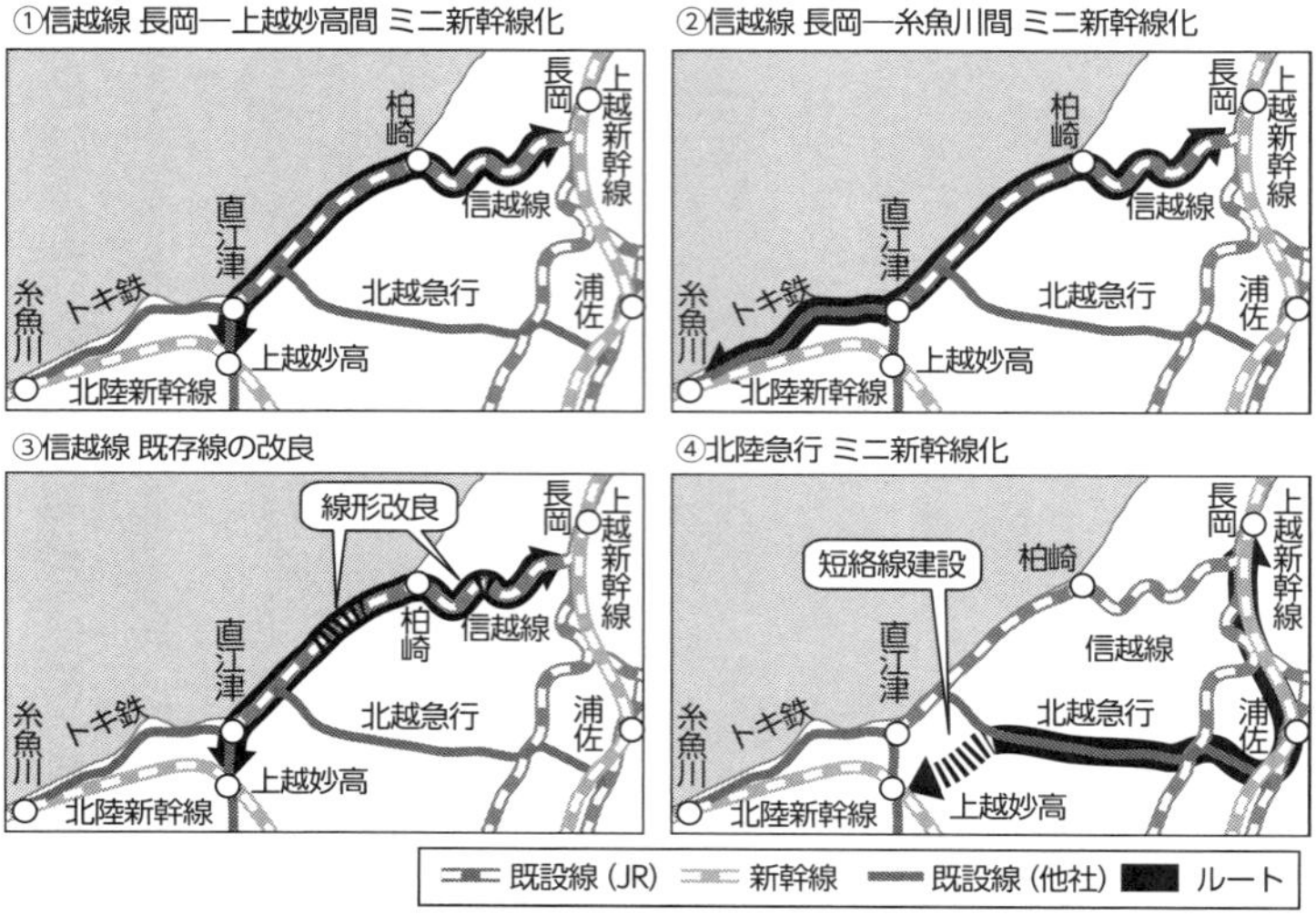

＊新潟県「令和４年度～５年度高速ネットワークのあり方に係る調査結果」を参考に作成

る。いわば「信越ミニ新幹線」で、総延長が１１７㎞、総事業費は１５００億円。実現すれば新潟—糸魚川間が１時間31分で結ばれ、現状より55分短縮する。

ただ、工期が20年と非常に長く、在来線単線化により、貨物列車の走行に影響が残るのが難点である。

④の北越急行ミニ新幹線化案は、北陸新幹線上越妙高駅から直通できる短絡線を、上越妙高—うらがわら間18㎞に整備する。この新線は、将来、羽越新幹線に転用できるように作る。

北越急行は、うらがわら駅以東を三線軌化する。六日町《むいかまち》駅手前で上越線に合流する短絡線を作り、上越線の複線のうち単線を標準軌にして乗り入れる。浦佐駅では、保守基地を改修して上越新幹線へのアプローチ線を作る。

こちらは、いわば「北越ミニ新幹線」である。総延長が72㎞、総事業費は2100億円。実現すれば新潟―上越妙高間が1時間18分で結ばれ、現状より40分短縮する。工事費こそ高いものの、工期は10年程度と短く、完成後に日本海側の貨物列車の運行に影響を及ぼさない点がメリットである。北越急行の経営改善にも役立つ。ただし、柏崎市を経由しない。

新潟県がどの案を選定するかは未定だが、ロマンを感じるのは「北越ミニ新幹線」ではないだろうか。かつて、北越急行では特急「はくたか」が在来線最速の時速160㎞で疾走《しっそう》していた。あの高速走行の復活に期待する方も多いのではないだろうか。

四国新幹線計画は「十字型ルート」で4県がまとまったが…——【時期未定】

四国新幹線は、大阪市から徳島市、高松市、松山市を経て大分市に至る新幹線の基本計画路線である。おおまかなルートとしては、大阪市から淡路島を経由して大鳴門《おおなると》橋《きょう》を経て徳島市に入る。そこから高徳《こうとく》線、予讃《よさん》線に沿うかたちで松山市に進み、豊予《ほうよ》海峡を橋またはトンネルで渡って大分市に達する。総延長は約480㎞もある。

四国にはもうひとつ新幹線の基本計画路線があり、「四国横断新幹線」という。岡山市から高知市に至る路線で、おおまかなルートとしては、山陽新幹線岡山駅から瀬戸大橋線の児島《こじま》駅に至り、瀬戸大橋を渡り宇多津《うたづ》駅に出て、土讃《どさん》線に沿って高知市を目指す。総延長は約150㎞だ。

四国の東西を貫くのが四国新幹線、南北を貫くのが四国横断新幹線である。ただ、これらの路線を一括で作るのは、費用面から現実的ではない。

そこで、「四国の鉄道高速化検討準備会」が四国の新幹線構想について調査し、ふたつの計画をあわせたコンパクトな新幹線網を提言。具体的には、四国新幹線を徳島―松山間で、四国横断新幹線を岡山―高知間で建設するものである。岡山を起点とした新幹線が三方に分岐し、徳島、高知、松山に至るルートだ。路線形から「十字型ルート」とも呼ばれる。

瀬戸大橋を本四《ほんし》間のルートとし、宇多津で高松・徳島方面、松山・高知方面に分かれる。さらに伊予三島（四国中央市）付近で松山、高知方面に分かれる。完成すれば新大阪―高松間が1時間15分、新大阪―徳島間が1時間35分、新大阪―松山間が1時間38分、新大阪―高知間が1時間31分で結ばれる。路線総延長は３０２㎞、概算事業費は1兆５７００億円と試算された。瀬戸大橋には新幹線の導入空間が確保されているため、本四間に新たなトンネルや橋を作る必要はない。

需要予測で示された1日あたりの利用者数は、宇多津・坂出《さかいで》を中心として、新居浜《にいはま》・松山方面が1万人、高知方面が０・６万人、高松方面が０・４万人である。

四国4県は、このルートで建設促進運動を進めることでまとまってきている。かつては徳島県が消極的だったが、23年に後藤田正純《ごとうだまさずみ》知事が当選すると、他県と足並みを揃える方針に転換した。

四国には現在新幹線がまったくないことから、四国新幹線は、基本計画路線のなかで優先的に取り扱われそうである。

「四国新幹線」構想

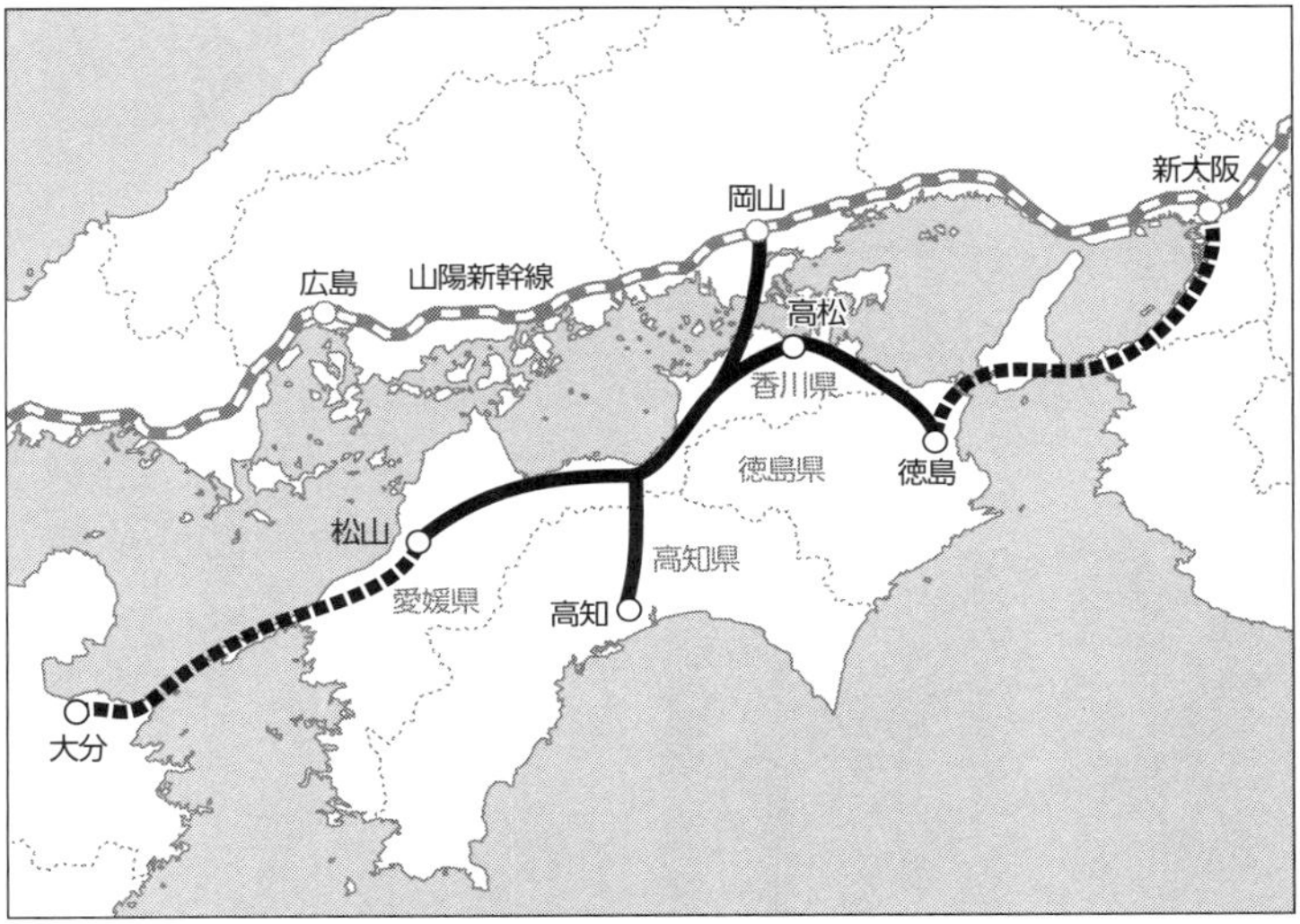

＊四国新幹線整備促進期成会「四国の新幹線実現を目指して」を参考に作成

一方で、これから大幅な人口減少が予想されるなか、四国全体に新幹線を張り巡らせる意味があるのか、という指摘も出てくるだろう。50年の生産年齢人口予測は、愛媛県45万人、香川県37万人、徳島県22万人、高知県20万人である。

人口や需要予測を見ると、香川県から愛媛県に向かう路線はフル規格も検討されそうだが、人口の少ない高知県方面や、大阪からの経路が大回りになる徳島県方面では建設の意義が問われるだろう。いずれの路線も、在来線を設備更新しつつ、ミニ新幹線化や短絡線を段階的に整備する手法も検討されそうだ。

四国新幹線「十字型ルート」は4県へのバランスを配慮した政治的なかたちだが、現実に着工となると優先順位をつけざるを得ない。その点で、4県は同床《どうしょう》異夢《いむ》にあるといえる。

「十字型ルート」を先行させたとして、四国の新幹線計画で残るのは、新大阪―徳島間と松山―大分間である。新大阪―徳島間については、当初、明石海峡大橋を経由するルートが想定されていた。神戸市内で分岐して、淡路島を縦断し、鳴門海峡を越えて徳島市に至るかたちである。

しかし、最近は紀淡《きたん》海峡経由を推《お》す声も高まっているようだ。新大阪駅から関西空港を経由して和歌山市の北端から淡路島に渡るルートである。関西空港に新幹線を通すことで採算性が改善するという見通しからである。

松山―大分間は、豊予海峡を横断するルートを大分県が調査している。しかし、いまのところは構想段階にとどまる。

山陰・伯備新幹線を実現させる方法はあるか?――【時期未定】

山陰新幹線は、大阪市から鳥取市、松江市を経由して下関市に至る新幹線の基本計画路線である。おおざっぱなルートとしては、新大阪駅から兵庫県北部に出て、山陰線に沿うかたちで新下関駅に至る。全長は約550㎞である。

これとは別に、中国横断新幹線という計画もある。岡山市から松江市を結ぶ新幹線の基本計画路線で、総延長は約150㎞。こちらも構想段階で、並行する在来線にあわせて「伯備《はくび》新幹線」と呼ばれることが多い。どちらも山陰地方を目指す新幹線計画なので、ここでは一体的に「山陰・伯備

「山陰・伯備新幹線」構想

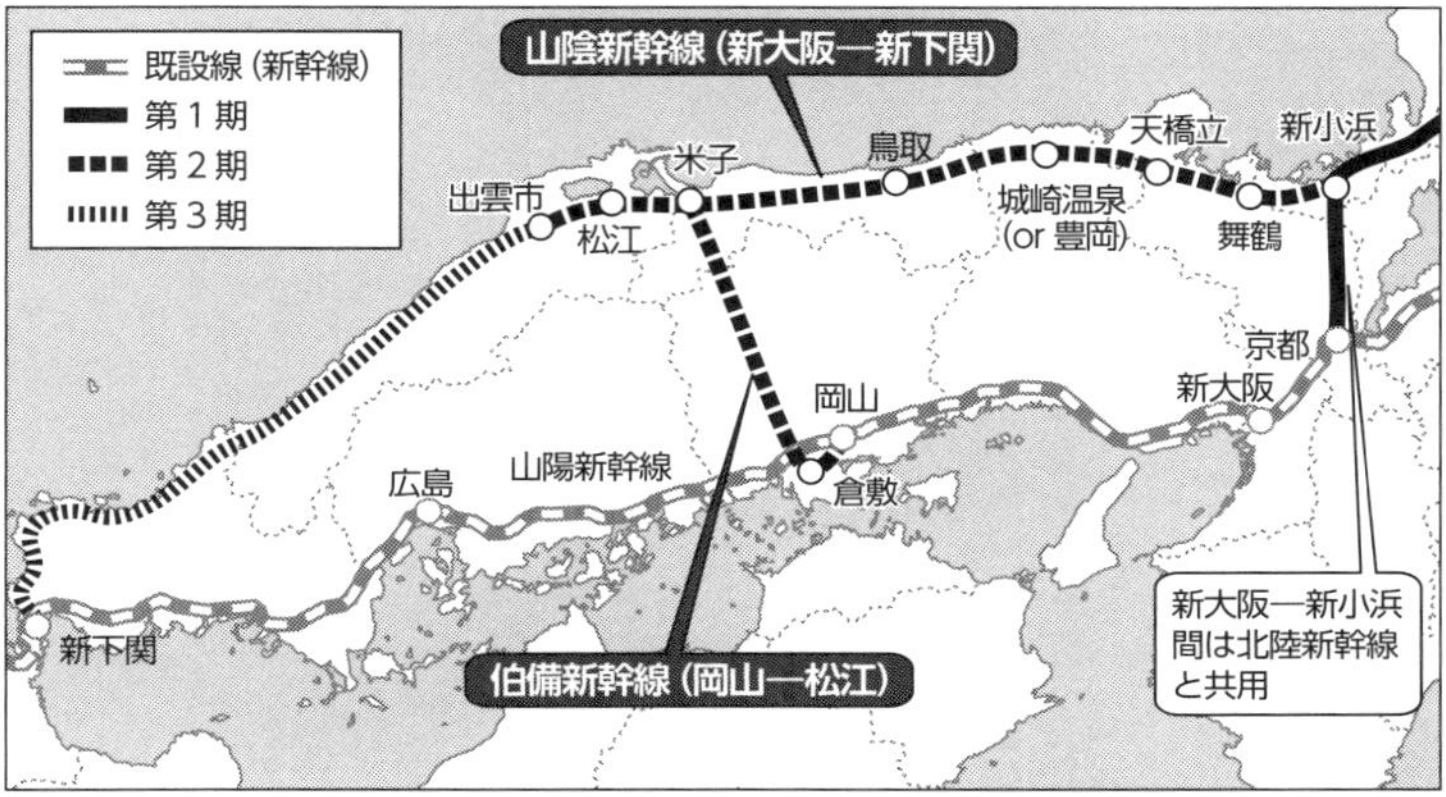

＊「山陰新幹線の早期実現を求める松江大会報告書」を参考に作成

新幹線」として紹介する。

山陰縦貫《じゅうかん》・超高速鉄道整備推進市町村会議の資料を見ると、山陰新幹線と伯備新幹線の整備を3段階で目指す方向性が示されている。

第1段階として、北陸新幹線・新大阪―新小浜間を「山陰新幹線との共用区間」とみなす。この区間はすでに着工へ向け動き出していて、順調なら50年代までに開業するだろう。

第2段階として、山陰新幹線の新小浜―鳥取―米子間と、伯備新幹線の岡山―米子―松江―出雲市間を整備する。第3段階として残りの区間（出雲市―新下関間）を整備する。

要するに、山陰新幹線は新大阪駅から京都駅を経て福井県（小浜）まで行ってから、西に転じて山陰方面を目指すというルートを検討している。大回りにはなるが、北陸新幹線を活用することで、大阪近郊の大都市圏で工事をしなくて済むというメリットがある。また、舞鶴《まいづる》市や豊岡《とよおか》市といった近畿地方の日本海側主要都市も経由できる。一方、伯備新幹線は、岡山駅で山陽新幹線から分岐して米子駅に至り、山陰新幹線と合流する。

京都大学大学院の藤井《ふじ》聡《いさとし》教授の試算によれば、山陰新幹線新大阪―鳥取間（新小浜経由）が1時間22分、伯備・山陰新幹線岡山―松江間が58分で結ばれる。新大阪―岡山間は山陽新幹線で45分なので、新大阪―松江間は岡山経由で1時間43分となる。

単線フル規格で整備する場合、山陰新幹線の事業費は新小浜―鳥取間が６９００億円、新小浜―米子間が１兆１８００億円。伯備新幹線は岡山―出雲市間が1兆１１００億円と試算されている。――と夢を描《えが》いてみたが、50年の生産年齢人口予測は、鳥取県が約20万人、島根県が25万人にすぎない。沿線人口の少なさを考えると、大阪市から下関市までの全区間をフル規格で建設するのは非現実的で、一部区間の着工すら難しいように思える。フル規格新幹線を作れば、多くの区間で並行在来線の維持も問題になる。

となると、ミニ新幹線を含めた、在来線を活《い》かすかたちでの整備を検討することになりそうだが、これも難しい。山陰線は線形が悪いからである。既存線の軌間を変えるだけでは、ミニとはいえ「新幹線」に値するスピードは出せそうもなく、高速化のため別線を建設するなら大工事になる。伯備線はミニ新幹線化して山陽新幹線に直通したいところだが、貨物列車が走っているので、その扱いが問題になる。

ということで、現実的に事業着手を検討する場合、どこからどう手を付ければいいのか頭を抱えるのが山陰・伯備新幹線である。新幹線基本計画に沿って作るのが難しいのであれば、地域の実情に応じて、たとえば智頭《ちず》急行を活用したルートなども検討されてよいのではないだろうか。

東九州新幹線は「日豊線ルート」と「久大線ルート」、どちらに？——【時期未定】

東九州新幹線は、福岡市から大分市、宮崎市を経て鹿児島市に至る新幹線の基本計画路線である。想定されているおおまかなルートは、小倉駅を起点として、日豊《にっぽう》線に沿って大分市、宮崎市を経て鹿児島中央駅に至る。

「東九州新幹線」構想

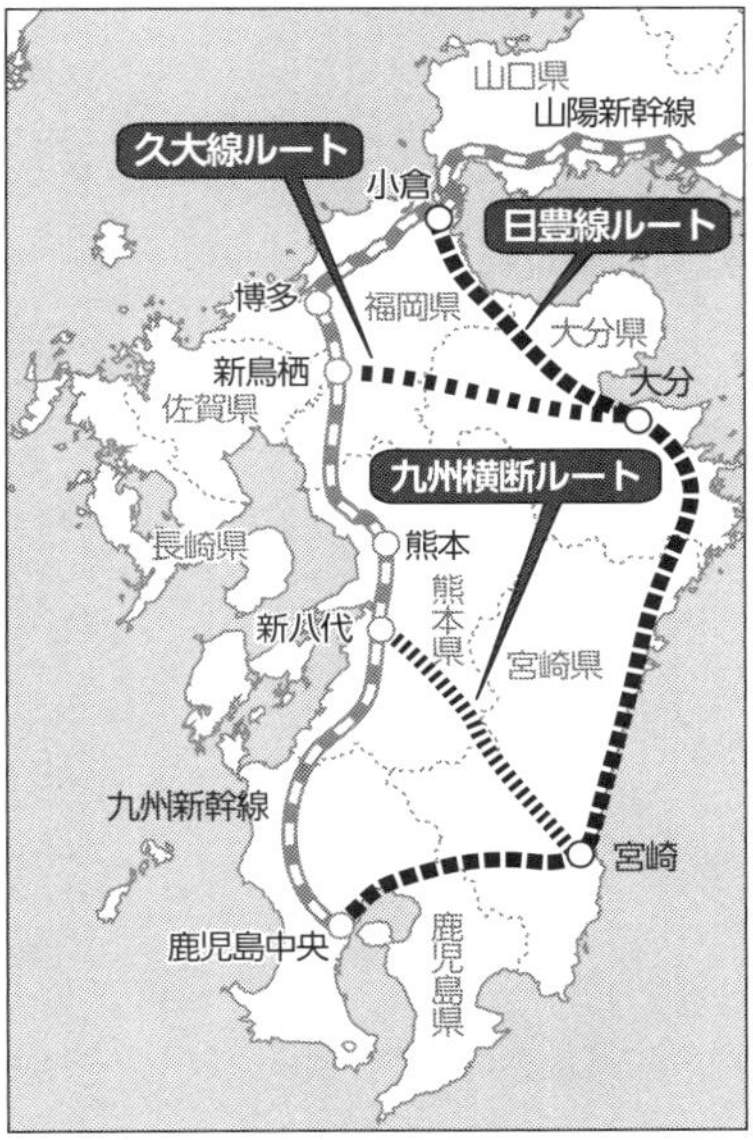

総延長は390㎞。基本計画上は福岡市が起点だが、博多—小倉間は山陽新幹線と共用する。

16年に東九州新幹線鉄道建設促進期成会が公表した『東九州新幹線調査報告書』によると、完成した場合、小倉—大分間が31分、大分—宮崎間が48分、宮崎—鹿児島間が29分で結ばれる。小倉—鹿児島中央間は1時間48分である。

整備費用の総額は2兆6730億円と推計している。福岡県内が3050億円、大分県内が9000億円、宮崎県内が1兆430億円、鹿児島県内が4210億円である。

需要予測は、小倉—大分間が1日2・1万人、大分—宮崎間が0・3万人、宮崎—鹿児島間が1万人となっている。利用者が多いのは小倉—大分間で、現在も特急「ソニック」が1日約30往復もしていることから、フル規格新幹線が検討される区間であろう。

23年11月に大分県東九州新幹線整備推進期成会が公表した『東九州新幹線調査報告書』では、博多—大分間について、日豊線ルートのほか、久大《きゅうだい》線ルートについても検討している。久大線ルートでは博多—新鳥栖間を九州新幹線と共用し、新鳥栖—大分間に新線を建設する。

報告書によれば、博多—大分間の所要時間は日豊線ルートが47分、久大線ルートが46分と、ほとんど変わらない。一方、新大阪—大分間は日豊線ルートが2時間36分、久大線ルートが3時間7分となり、久大線ルートが30分以上長くなる。概算事業費は日豊線ルートが8195億円、久大線ルートが8339億円と大差ない。

日豊線ルートは、山陽新幹線から小倉駅東側で分岐するか西側で分岐するかにより、経由地や運行系統がだいぶ変わる。大分県は東側分岐を想定しているようだ。その場合、行橋《ゆくはし》市や中津市といった人口の多い都市圏を通ることができ、博多へも無理なく直通できる。一方、新大阪方面からの列車は小倉駅で方向転換が生じるため、運行本数は限られる。

久大線ルートは、由布院など観光需要の高いエリアを通り、山陽新幹線との共用区間がなく、ＪＲ

九州が全線を運用できる点でメリットがある。新大阪─博多間の列車を延伸して運行できるので、新大阪直通列車の本数を確保しやすく、方向転換も乗り換えもない。しかし、新大阪方面への距離が長いのはデメリットだ。日豊線ルートに比べて30分も余計にかかり、運賃・料金も高くなる。

一長一短があるが、沿線人口の多さや新大阪への所要時間の短さを考えると、日豊線ルートを基本に検討されることになるのだろう。

いずれにしろ、東九州新幹線で最初に着手できるのは、大分市までになるだろう。宮崎市までの延伸は時間もお金もかかり、実現は見通せない。そこで、宮崎県では、九州新幹線の新八代《しんやつしろ》駅から新幹線を分岐させるルートの検討を始めている。「九州横断ルート」や「宮崎新幹線」などとも呼ばれる新たな新幹線構想だ。

調査は始まったばかりで、詳細は明らかではない。具体的なルートも未定だが、新八代から人吉市、えびの市、小林市を経て宮崎市に至るルートが基本線となろう。

東九州新幹線の大分─宮崎間は約１７０㎞。九州横断ルートの新八代─宮崎間は約１２０㎞。九州横断ルートが50㎞も短い。博多─新八代間の新幹線はすでに開業しているが、博多─大分間は着手すらしていない。つまり、博多駅と宮崎駅を直結するのが目的なら、九州横断ルートを作るほうが、断然早く、安くできる。

九州横断ルートの新八代─宮崎間全線をフル規格で作ると、博多─宮崎間が1時間30分程度で結ばれそうだ。新大阪─宮崎間は、４時間くらいになるだろうか。

九州横断ルートの議論をする際に、ついて回りそうなのが肥薩線《ひさつ》の扱いである。同線は20年7月の豪雨で被災し、八代—人吉—吉松間86・8㎞が長期運休中である。次章で詳述するが、このうち八代—人吉間は上下分離で復旧することが決まっていて、復旧費用や復旧後の維持費は、熊本県と沿線自治体が負担する。

新幹線九州横断ルートは肥薩線に並行する。これを別線で建設するとなれば、熊本県はその建設費も負担しなければならない。肥薩線復旧に巨費を投じたうえに、並行する新幹線の建設費も負担することになれば、二重投資との批判は免《まぬが》れないだろう。

九州横断ルートを作ることが決まれば、肥薩線復旧は必要ないように思える。あるいは、肥薩線復旧の際に、ミニ新幹線にして新八代駅から九州新幹線に乗り入れる方法もある。これを宮崎方面へ延伸すれば、九州横断ルートの一部分になる。ただし、肥薩線は線形が悪いので、所要時間は長くなりそうだが。

現時点で、九州横断ルートは何も決まっていないので、肥薩線復旧との兼ね合いも議論されていない。しかし、肥薩線復旧がある程度進んでしまうと、二重投資となってしまうため、熊本県が新幹線九州横断ルートに同意することは難しくなるのではないか。その点で、宮崎県が実現を望むのであれば、検討を急いだほうがよさそうだ。

5章

地方鉄道の未来

滑り出し好調な宇都宮ライトライン。延伸計画も加速――【2030年代前半】

宇都宮ライトラインは、23年8月26日に新規開業したLRTである。LRTとは「ライト・レール・トランジット」の略で、直訳すれば「軽量軌道交通」となる。「次世代型路面電車」などと説明されることも多い。

日本のLRTの草分けは06年に開業した富山ライトレール（現・富山地方鉄道富山港線）で、JR富山港線をリニューアルしたものだ。

これに対し、宇都宮ライトラインは、ゼロから作った国内初のLRTとされている。路面電車の全面新設ととらえれば、1948年の富山軌道鉄道伏木《ふしき》線（現・万葉《まんよう》線）以来、75年ぶりだという。

宇都宮駅東口―芳賀《はが》・高根沢工業団地間14・6㎞を一気に開業し、路面電車の営業距離として全国5番目の長さに躍《おど》り出た。

驚くのは、その人気である。開業1年間で利用者数は475万人に上ったという。1日あたり1・3万人が利用している計算だ。

好調な滑《すべ》り出しを受けて、宇都宮市はライトラインの市西側への延伸検討を加速している。JR宇都宮駅東口から教育会館前までの5㎞を「整備区間」とし、さらに大谷《おおや》観光地付近までを「検討区間」とする、二段構えの構想だ。

宇都宮ライトライン延伸計画ルート

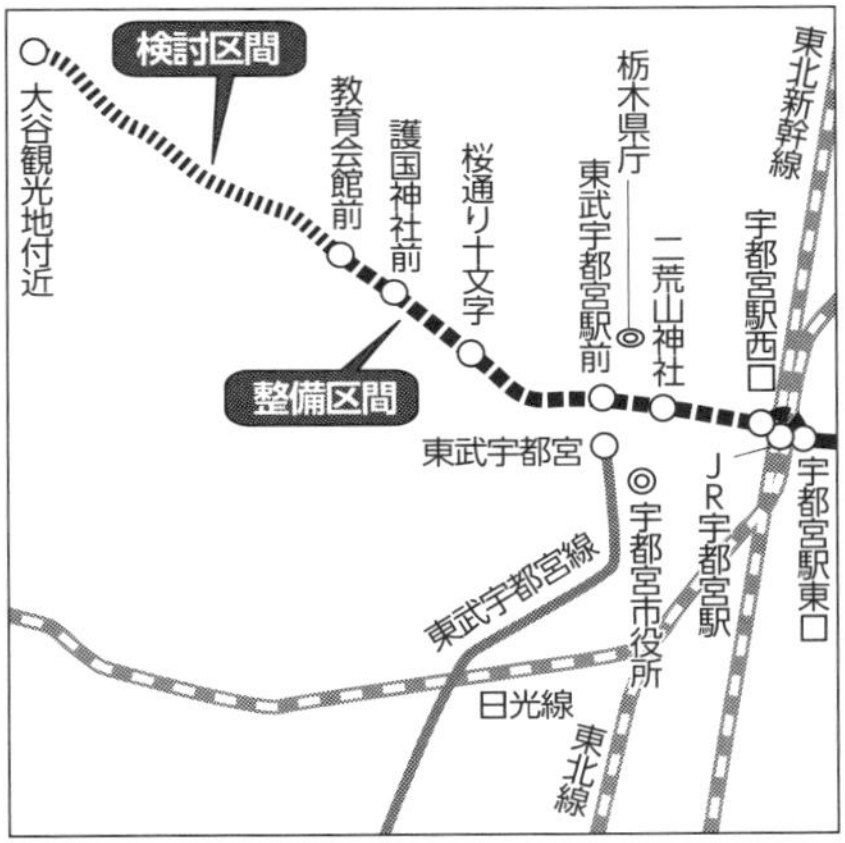

整備区間には、JR宇都宮駅西口、県庁前、東武宇都宮駅前、教育会館前など12の停留所を設置する。25年度に軌道事業の特許を申請し、30年代前半の開業を目指す方針である。

LRTの新設は、既存の道路の一部を専用軌道化するのでドライバーなどの反対論も根強いが、宇都宮では押し切って導入し、成功させた。

これには大きな意味がある。今後、地方の公共交通政策に大きな影響を及ぼすに違いなく、LRTが全国に広まる契機となりそうだ。

那覇でもLRT計画が具体化。その全貌とは——【2040年代】

LRTの全面新設で宇都宮市に続きそうなのは、那覇市である。24年3月にLRT整備計画の素案を公表し、南北2ルートの整備方針を明らかにした。全面新設のLRTを市街地に整備しようという、野心的な計画である。

「東西ルート」は県立南部医療センター付近—県庁北口—若狭《わかさ》海浜公園の6㎞を結ぶ。県立南部医

「那覇LRT」構想

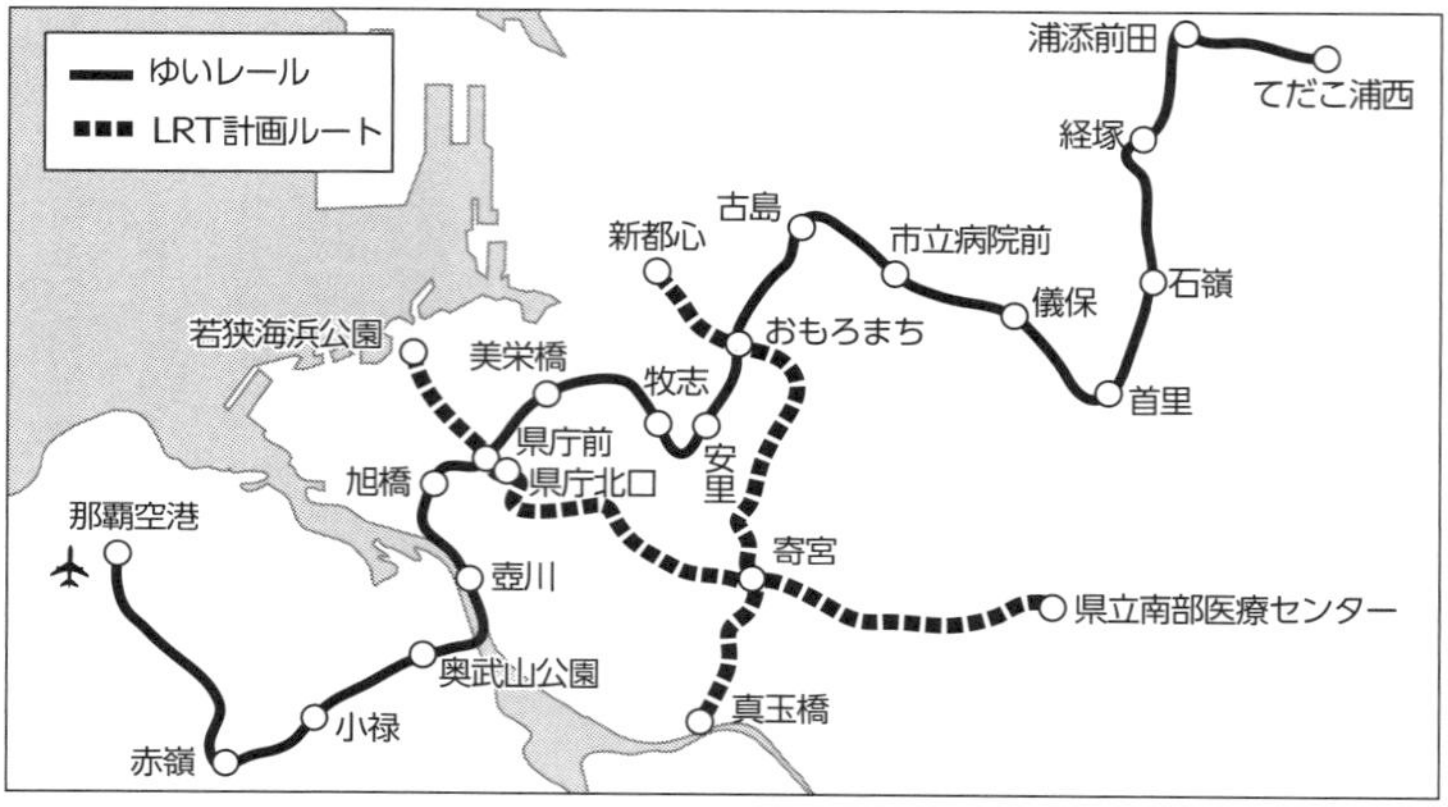

療センター付近—県庁北口が「本線」、県庁北口—若狭海浜公園が「支線」という位置づけである。本線は複線だが、支線部分は単線だ。「南北ルート」は真玉橋《まだんばし》付近—新都心地区の５㎞である。

導入空間は４車線道路で、中央２車線をＬＲＴ軌道にする。一般車両のＬＲＴ軌道内走行は、原則として禁止。停留所は約５００ｍ間隔で設置する。

所要時間は、東西ルート本線が19分、同支線が８分。南北ルートは17分を見込む。導入車両は、全長30ｍの低床《ていしょう》車両３両編成を想定する。

概算事業費は、東西ルート（本線・支線）が３２０億円、南北ルートが１６０億円の計４８０億円だ。東西ルートのみで１日１・５万人、南北ルートとあわせて１日２・１万人の利用を見込む。

公表されているのは整備計画の素案で、事業としてはスタートラインに立った段階である。関係機関との協議や都市計画決定はこれからで、那覇市では、26年度末までの整備計画策定、40年度の東西ルート本線の先行開業を目指している。

全線開業すれば、計11㎞のＬＲＴ路線が那覇市に出現する。ほぼ全線が併用軌道となりそうで、路面電車として全国的にも中規模の路線網になるだろう。実現はかなり先になるが、楽しみな計画である。

広島の新たな玄関口に路面電車が乗り入れる――【2025年春】

路面電車の当面の大きなトピックスは、25年春に開業が予定されている広島電鉄の駅前大橋線だろう。

広島駅では、駅ビルを建て替え、駅前広場全体を再整備するプロジェクトが進行中だ。これにあわせて、路面電車の停留所を新駅ビル２階に移設する。駅ビルに広島電鉄市内線の軌道を引き込み、路面電車の停留所を設けるかたちである。

駅ビル内にはＪＲ駅改札口もあり、路面電車の停留所と同一平面になる。広島駅でのＪＲから路面電車への乗り換え時間は、２・１分から１・３分となる。

駅ビルを出た軌道は駅前大橋を経由する新ルートにつながり、市中心部への道筋が短縮する。広島駅から八丁堀《はっちょうぼり》や紙屋町《かみやちょう》への距離が２００ｍ、所要時間で4分短くなる。乗り換え時間と所要時間の相乗効果で、ＪＲ利用者が市中心部を訪れる際、これまでより5分も早く到着できる。

広島電鉄駅前大橋線路線図

＊広島市ホームページを参考に作成

新しい広島駅停留所は、乗降とも4か所になる。広島駅に乗り入れる市内線は4系統あるので、乗降場は各系統別に運用できる。利用者にはわかりやすい。

もうひとつ楽しみな点として、駅前大橋線の開業にともない、市内線の系統が変更され、新たに循環ルートが登場することだ。現存する路面電車の循環系統は、札幌市電、富山地方鉄道富山軌道線の2路線なので、広島電鉄が加わって3路線となる。

各地で進む路面電車延伸計画の現状は？

路面電車の延伸計画は各地にある。

熊本市電は、現在の市電の終点・健軍町《けんぐんまち》から市民病院まで1・5㎞を延伸する計画だ。健軍町から県道熊本高森線を東へ向かい、自衛隊熊本病院や陸運支局などの横を通り、熊本市民病院へ至る。停留所は4か所を新設。「東町《ひがしまち》線」と名付け、31年度の全線開業を目指している。

延伸というほどではないが、岡山電気軌道では、岡山駅前の停留所を駅前広場に移設する。鉄道駅から路面電車の停留所までは、現在は地下街を経由するか横断歩道を渡る必要があるが、完成後は新幹線駅舎の目の前で路面電車に乗れるようになる。工事は遅延しているが、27年春にも完了する予定だ。

岡山市内では、清輝橋《せいきばし》線の大雲寺前《だいうんじまえ》から東山本線の西大寺町・岡山芸術創造劇場ハレノワ前までの0・6㎞で、単線の軌道を整備する計画もある。実現すれば、ここでも路面電車が環状化する。新型コロナ禍で議論が停滞していたが、24年度から検討を再開しており、実現の可能性が高まっている。

伊予鉄道松山市内線では、JR松山駅から西へ0・7㎞ほどの延伸計画がある。国道196号線(松山環状線)と接する南江戸付近が終点だ。開業時期は明示されていない。

広島アストラムライン延伸、最後の新交通システム建設に?――【2030年代後半】

モータリゼーションの進展後、中量輸送機関として広まったのが案内軌条式鉄道である。主に自動案内軌条式旅客輸送システム(AGT)を指し、「新交通システム」とも呼ばれる。鉄道ほどの輸送力を必要としない区間で、路面電車より輸送力が高く、定時性が期待できる交通機関として人気を高めた。1981年に開業した神戸のポートライナーが草分けで、東京のゆりかもめや日暮里《にっぽり》舎人《とねり》

アストラムライン延伸計画ルート

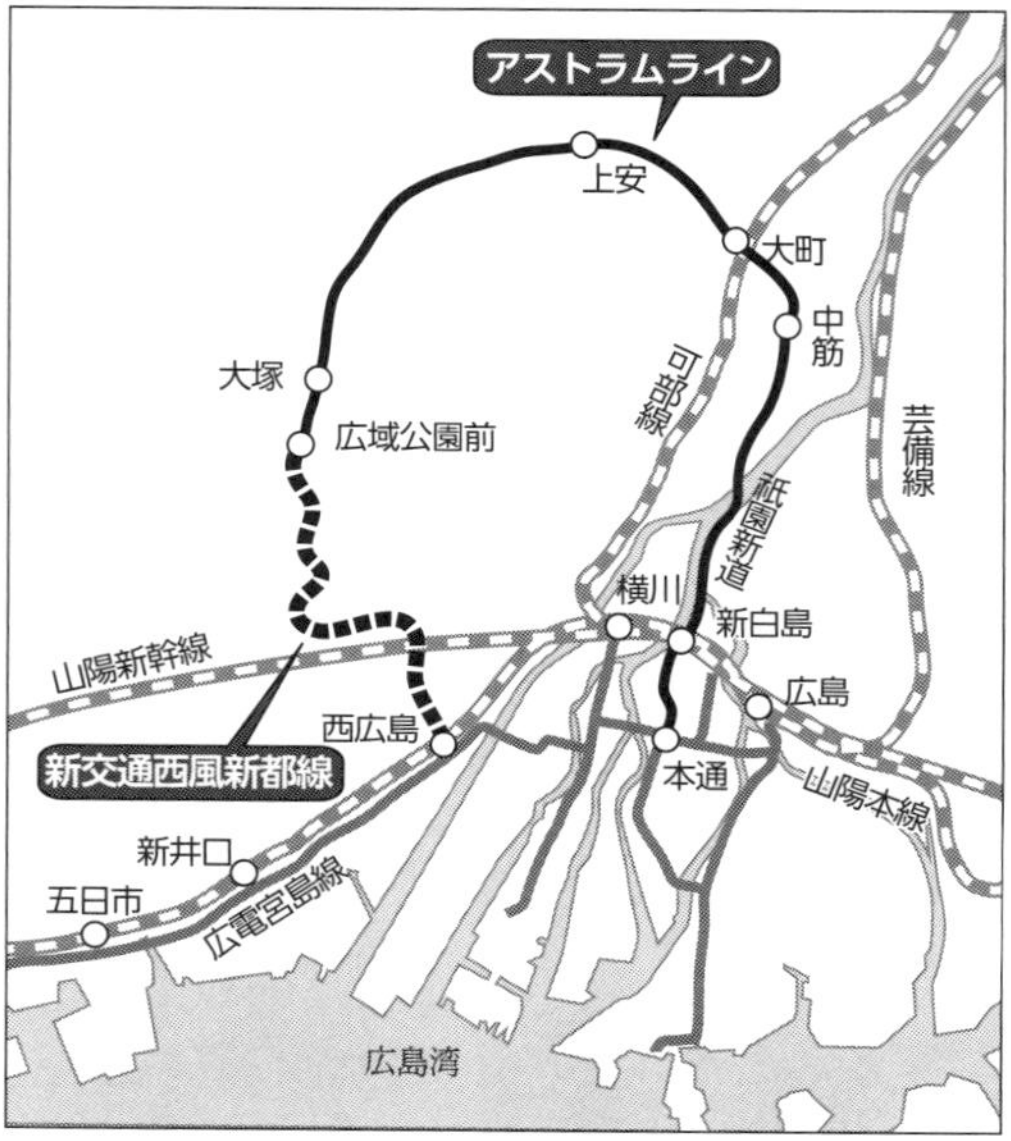

＊広島市ホームページを参考に作成

ライナー、大阪のニュートラムなど、主に大都市郊外で10路線が現存している。

最長距離を誇るのが、広島高速交通のアストラムラインである。広島中心部の本通《ほんどおり》駅から、郊外の広域公園前駅までの18・4㎞を結ぶ。さらに、西広島駅まで延伸する事業も始まっている。

延伸区間となる広域公園前—西広島間は「新交通西風新都《せいふうしんと》線」と名付けられた。路線延長は7・1㎞。開業すれば全長25・5㎞になる計算で、全国の新交通システムでぶっちぎりの最長路線となる。

西風新都線は、事業費削減のため単線で建設し、各駅に交換設備を設ける。新駅は6つ。途中に最急勾配59パーミルという急勾配区間があるのも特徴だ。

開業時期は当初、「平成40年代初頭」（28年頃）を予定していたが、新型コロナ禍などの影響を受け、「令和18年度頃」（36年度頃）に後ろ倒しになるという。総事業費は上振《うわぶ》れて760億円、利用者数は下振《したぶ》れて1日9100人と見込まれている。

新交通システム（AGT）はゴムタイヤによる走行なので、従来の鉄道では対応できない急勾配を登ることができ、急曲線にも強いというメリットがある。しかし、リニアモーター式の小型地下鉄が登場したことで、このメリットは小さくなった。

一方で、輸送力の割に建設費は高いといった課題もある。将来的にバスの自動運転技術が進歩すれば、専用道にバスを隊列走行させることで代替できる見通しも立ってきた。こうしたことから、今後、新交通システムが増えていくことは考えづらい状況になってきたといわれている。

実際、アストラムライン以外に、建設が具体化している新交通システム路線は、日本国内で他に存在しない。したがって、アストラムラインは、新交通システムとして国内最後の建設路線になる可能性がある。

熊本空港アクセス鉄道、ついに実現へ――【2034年度】

鉄軌道が乗り入れている空港は、全国で12ある。新千歳空港、仙台空港、成田空港、羽田空港、中部空港、大阪空港、関西空港、神戸空港、米子空港、福岡空港、宮崎空港、那覇空港である。

基幹空港のほとんどが鉄軌道アクセスを備えている。いまや空港整備において、鉄軌道アクセスは重要なインフラのひとつと認識されているのだ。そのため、地方空港でも、鉄軌道アクセスを整備する動きが広まっている。

熊本空港アクセス鉄道計画ルート

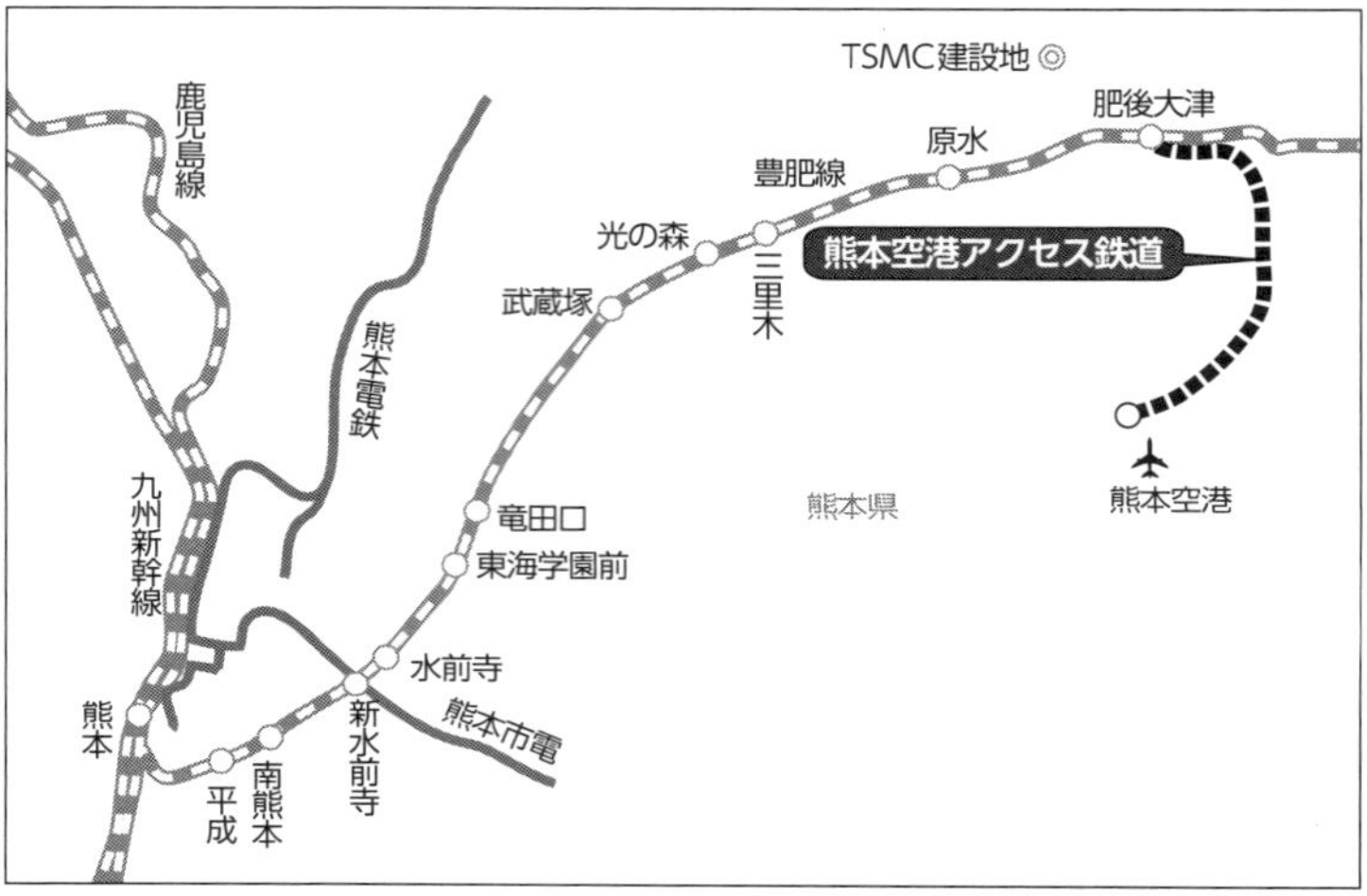

そのひとつが、熊本空港（阿蘇くまもと空港）アクセス鉄道である。JR豊肥《ほうひ》線肥後大津駅と熊本空港を結ぶ6・8㎞の路線で、熊本県が旗振り役となって事業化に向けて動き出した。23年12月に計画の概略を公表し、環境アセスメントの手続きを開始している。

肥後大津駅の東で豊肥線から分岐して南へ向かい、白川を渡って東側から空港に至る。新駅は終点の熊本空港にのみ設置され、途中駅の計画はない。全線単線である。

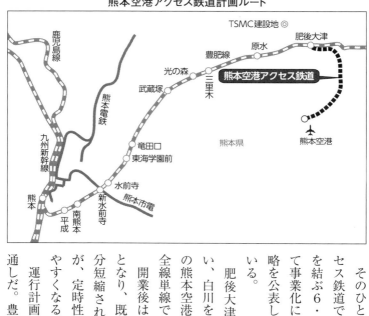

開業後は熊本駅から空港までの所要時間が約40分となり、既存交通機関を使った場合の約60分から20分短縮される。熊本市内は激しい渋滞で知られるが、定時性に優《すぐ》れた鉄道なら空港までの時間も読みやすくなる。

運行計画は未定だが、豊肥線と直通運転をする見通しだ。豊肥線は20～30分間隔運転なので、空港アクセス線も同様の運行本数になると見られる。
総事業費は410億円、1日4900人の利用を見込む。事業着手は27年度を予定していて、34年度の開業を目指す。開業すれば、熊本空港は全国で13番目の「鉄軌道のある空港」となり、空港利用者は便利になるだろう。

新千歳空港駅大改良で空港アクセスの利便性が向上――【時期未定】

空港アクセス鉄道は整備したら終わりというわけではなく、空港の成長とともに改良していく必要がある。すでに見てきたように、羽田や成田、関空といった基幹空港でも、アクセス鉄道を拡充させる計画が動き出している。それらに劣《おと》らぬ大構想として注目されているのが、新千歳空港駅の大改良案である。

現在の新千歳空港駅は、新千歳空港ターミナルの地下に1面2線が設置されている。千歳線の南千歳駅から分岐した2・6㎞の単線の終点で、駅ホームは6両編成までしか対応していない。増発も増結もままならず、増加する空港客をどう捌《さば》くかが課題となっている。

この対応策として浮上したのが、新千歳空港駅の機能強化だ。新千歳空港駅から苫小牧方面につながる新線を建設し、新千歳空港駅を通り抜け可能な途中駅にする。JR北海道は27年までの中期経営計画で、整備の検討を進めることを明確にした。

JR新千歳空港駅の改良案

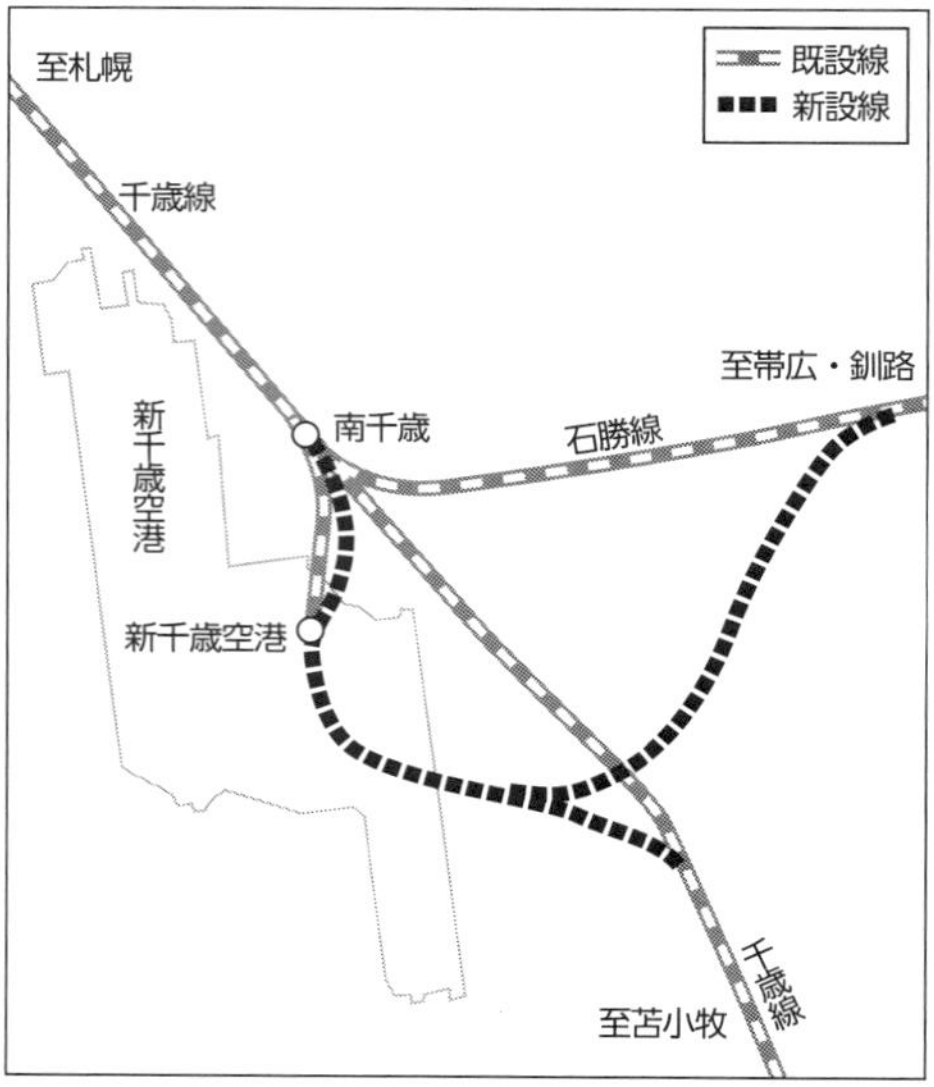

詳細は明らかではないが、これまでに報道された内容によれば、千歳線本線のルートを新千歳空港駅経由に変更し、南千歳―新千歳空港―苫小牧間を直通路線とするのが柱。これにより、同線の旅客列車はすべて新千歳空港駅を経由する。

新千歳空港駅も作り直し、2面4線以上の構造で長編成にも対応できるようにする。石《せき》勝《しょう》線の分岐点も新駅に変更し、札幌―帯広・釧路間の特急が新千歳空港駅に立ち寄れるようにする。

実現すれば、室蘭、帯広方面の特急列車がすべて新千歳空港駅を経由する。道南や道東方面から、新千歳空港アクセスの利便性が向上するのは間違いない。

問題は建設費で、総事業費は１０００億円規模になると見積もられている。しかし、経営難のJR北海道に負担する資力はない。そこで、国の特別会計である「空港整備勘定」の活用が検討されているようだ。

気になる開業時期だが、現時点で具体化しているわけではないので、まったく見通せない。工事の規模からして、事業化決定から開業まで少なくとも7、8年程度は見ておく必要がありそうで、早くても30年代半《なか》ばになるだろう。4章で紹介した千歳線の高速化計画とあわせて、期待度の高いプロジェクトである。

「沖縄鉄軌道」で、沖縄本島の公共交通が激変——【時期未定】

沖縄本島に現存する鉄軌道は、ゆいレール（沖縄都市モノレール）のみである。加えて、那覇市内にLRTを敷設《ふせつ》しようという動きがあるのは前に触《ふ》れた。さらに、沖縄本島を縦貫《じゅうかん》する鉄軌道を敷設する構想がある。沖縄鉄軌道構想である。

沖縄県が整備を検討しているほか、沖縄振興基本方針に基づいて内閣府も調査を実施している。県と国がそれぞれ調査を続けているわけである。想定ルートはどちらも似ていて、那覇市から浦添《うらそえ》市、宜野湾《ぎのわん》市、沖縄市、うるま市、恩納村《おんなそん》を経て名護市に至る。南部の豊見城《とみぐすく》市や糸満市、美《ちゅ》ら海水族館のある北部の本部《もとぶ》町に延ばす案もある。いずれにせよ、「沖縄縦貫鉄道」といえるルートである。

沖縄県が18年にまとめたルート案によると、那覇—名護間の総延長は67～68㎞で、同区間を59分で結ぶ。途中駅は、市街地で2～3㎞に1か所、郊外で5～7㎞に1か所を設置。運行本数は、那覇—うるま間のような都市部でピーク時に毎時「各停7本＋快速3本」、オフピーク時に「各停4本

＋快速２本」を運行する想定だ。

内閣府の調査では、システムとして普通鉄道のほか、小型鉄道、モノレール、新交通システム（ＡＧＴ）、ＨＳＳＴ（リニアモーターカー）などを検討しているが、決まっているものはない。

概算事業費はシステムにより異なるが、おおざっぱには８０００億円程度で、１日10万人程度の利用者を予測する。建設費はかかるものの相当の利用者数が見込めるということだ。

「沖縄鉄軌道」構想

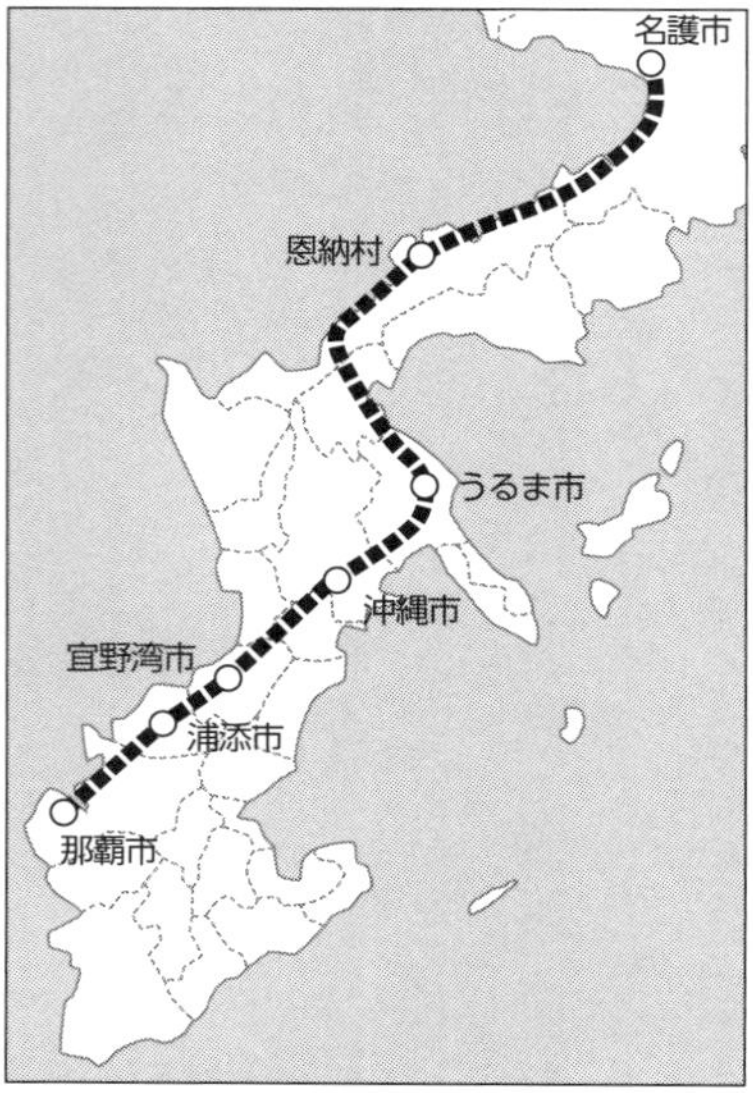

＊沖縄鉄軌道計画検討委員会の資料を参考に作成

しかし、現状の鉄道整備の補助金の枠組みで建設するには、採算性で難がある。そのため、沖縄県は「整備新幹線なみ」の補助制度の適用を国に働きかけている。整備新幹線の枠組みは、他の鉄道建設に比べ国の補助が手厚い。その枠組みを沖縄鉄軌道にも適用してほしいという要請である。理由として、沖縄県は全都道府県で唯一《ゆいいつ》、新幹線の既存路線や基本計画路線が存在しないという事情を挙げている。

国も要請に応《こた》え、22年に策定された新たな沖縄振興基本方針で、鉄軌道整備について「全国新幹線鉄道整備法を参考とした特例制度」の検討を盛り込んだ。これにより、沖縄鉄軌道の建設へのハードルが、採算面では少し下がった観もある。

ただし、23年に内閣府が公表した調査結果は、整備新幹線の制度が適用されても、費用便益比が「1」を上回らないと着工できないことを指摘。沖縄鉄軌道は、その条件を満《み》たしておらず、事業化への道筋は立っていない。これについては1章で触れた『鉄道プロジェクトの評価手法マニュアル』の改訂でどう変わるかが注目である。

また、沖縄県、内閣府いずれの検討でも、普天間《ふてんま》基地を経由するルートが想定されている。つまり、鉄軌道の建設は普天間基地の返還が前提になっているわけだ。しかし、政府が移転先としている辺野古《へのこ》新基地の建設は遅れている。一方、沖縄県は県外移設を求め続けている。普天間基地の返還時期は明確になっておらず、この点からも、沖縄鉄軌道が近い将来に実現する見通しは立たない。

開業すれば、那覇市内と沖縄中部、北部が鉄道で結ばれ、沖縄本島の公共交通網が劇的に変わるだろう。那覇空港から恩納村などのリゾートエリアも1時間以内で結ばれるので、観光客にもメリットが大きく、インバウンド受け入れにも効果がある。住民からも待望される鉄道計画であることは間違いない。横たわる課題は大きいが、ぜひ早期の実現を期待したい。

富士山登山鉄道構想、日本最高所への路線は誕生するか?――【時期未定】

日本に本格的な山岳鉄道は少ない。「登山鉄道」といえば箱根にあるくらいだ。その箱根をしのぐ登山鉄道が計画されている。場所はなんと、富士山である。

富士山登山鉄道は、富士スバルラインという道路上に軌道を敷設する構想だ。富士吉田から富士山吉田口五合目までを結ぶ。

計画の旗振り役は山梨県で、21年2月に『富士山登山鉄道構想』をとりまとめた。それによると、登山鉄道の導入目的は、環境負荷が少なく輸送力のある鉄道により来訪者増に備える一方で、全車指定席の定員制とし、来訪者数をコントロールするというもの。また、軌道と同時にライフラインも整備し、五合目まで電気や上下水道を引くという副次的な効果も狙う。

システムはLRTを想定。富士スバルラインの道路上に複線軌道を敷設する。一般車の走行は禁止するが、緊急事態の際には救急車や消防車を走らせる。

山麓《さんろく》を起点とし、五合目までの区間を整備する。起点となる山麓駅は、東富士五湖道路の富士吉田料金所付近。富士急行線河口湖駅から2km離れているが、市街地への延伸については将来的な検討課題として先送りした。

終点となる五合目駅は、富士スバルライン終点に設ける。半地下式を想定し、店舗など含めた五合目全体の空間再編をあわせて検討する。五合目以上の延伸はしない。総延長は28・8kmである。

起点の標高は1088m（料金所）で、五合目は2305m。標高差1217mを駆け上がる登山鉄道となる。実現すれば、五合目は日本最高所の鉄道駅となるだろう。スバルラインの最小曲線半径は30m、最急勾配は8%だ。

「富士山登山鉄道」構想

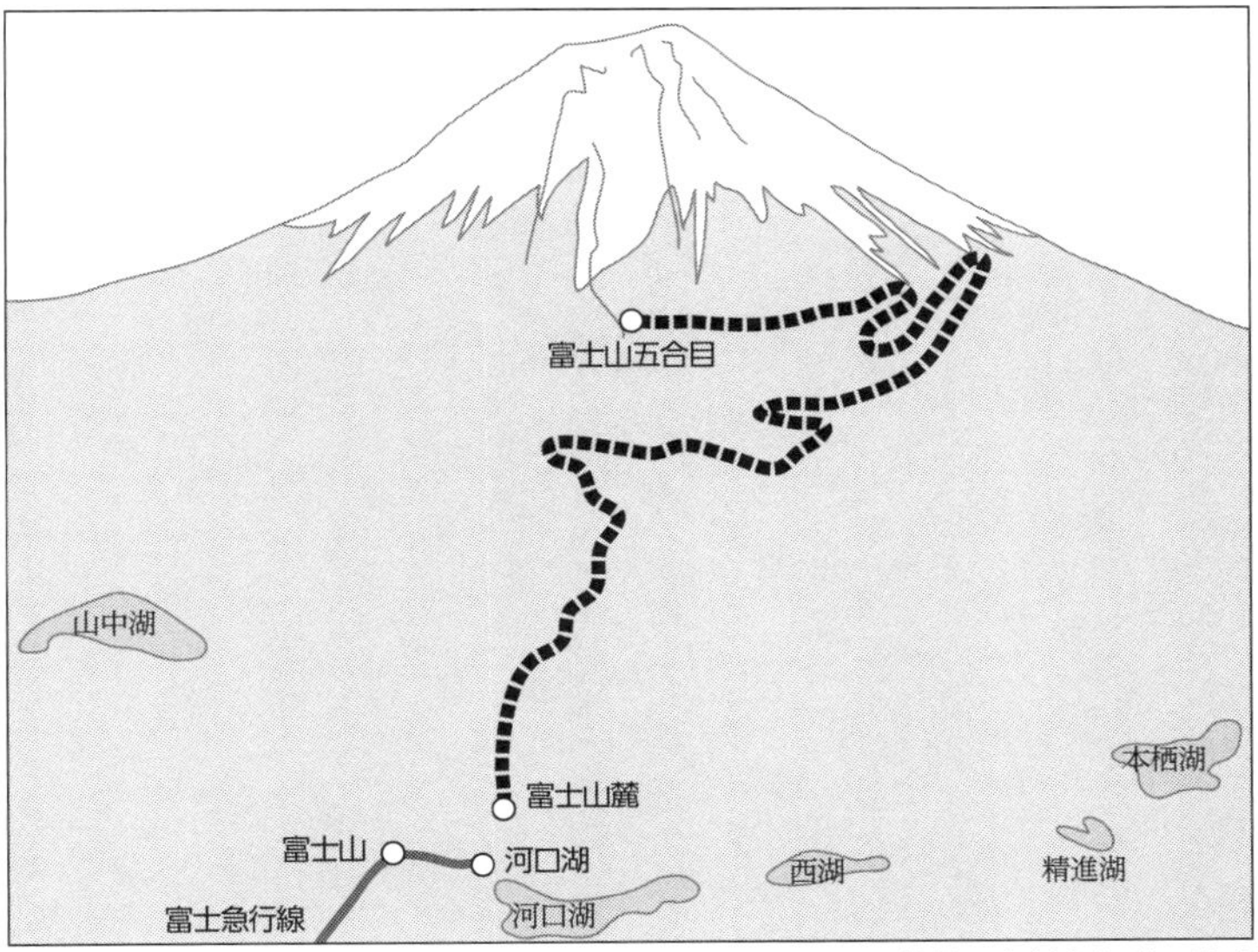

＊山梨県の資料を参考に作成

ＬＲＴ車両は蓄電池車両の使用を想定し、架線レスとする。３両の連接車《れんせつしゃ》が最大２編成で走行する。

最高時速は40㎞だが、下りは時速25㎞制限に。急曲線部では上下とも時速10㎞だ。所要時間は上り52分、下り74分と差が付き、五合目から山麓へ下るほうが時間はかかる。

運賃は往復１万~２万円と想定。年間利用者数は、１万円なら３１０万人、２万円なら１２０万人と見積もっている。

概算事業費は全体で１２００億~１４００億円程度と試算。高額な運賃設定により、開業初年度から黒字を計上する想定だ。

構想案を読むと、富士山登山鉄道は夢物語ではないように思えてしまう。とはいえ、すぐに実現できるかというと定かではない。蓄電池のＬＲＴ車両は国内で実用化されておらず、勾配路線に投入するとなると、技術的な課題もありそうだ。地元には反対の声も多い。

山梨県では富士山登山鉄道構想を検討する専門家検討会を設置していて、23年度中に中間報告を公表する計画だった。しかし、公表は遅れている。総事業費や開業時期などは、中間報告では提示できないことも明らかになった。

「道路を登山鉄道にする」というのは、これまでにない新機軸である。それだけに、計画を詰めていくと、さまざまな問題が出てくるのだろう。もう少し検討が必要というのが、正直なところかもしれない。

ひたちなか海浜鉄道、廃線間際からの延伸実現――【2030年】

東京駅から常磐線特急「ひたち」で約1時間。茨城県の勝田《かつた》駅に着くと、片隅に1両編成のディーゼルカーが停まっている。ひたちなか海浜鉄道湊《みなと》線の列車だ。いずれ廃止されてしまいそうな雰囲気すら漂うが、この路線で延伸計画が進んでいるのだから驚かされる。

ひたちなか海浜鉄道湊線は、勝田―阿字ヶ浦《あじがうら》間14・3㎞を結ぶ第三セクター鉄道である。もともとは茨城交通という私鉄が運営していたが、利用者が減少して廃止を表明し、最終的に自治体が出資する第三セクターに転換して存続した。

存続後、ひたちなか市の積極的な施策もあって利用者数が回復。よみがえったローカル線として

ひたちなか海浜鉄道延伸計画ルート

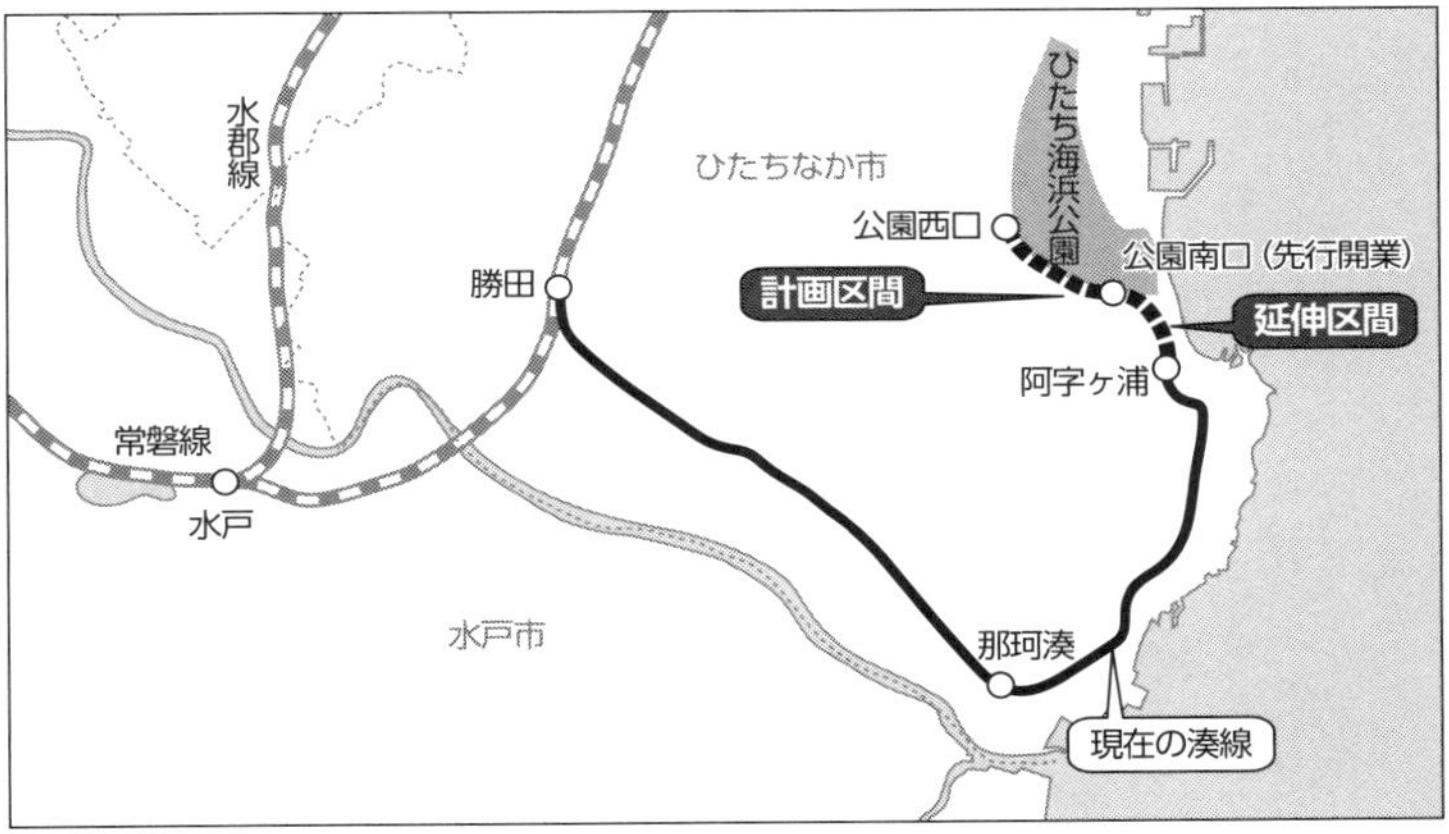

知られている。

とはいえ、直近の輸送密度は１７００程度とけっして高くはない。

一方で、終点の阿字ヶ浦駅の先には、国営ひたち海浜公園という観光地がある。そこで、公園へ延伸して観光客輸送をしようと考え、延伸計画が立てられた。

当初の計画は、阿字ヶ浦―公園西口間の３・１㎞。21年には事業許可も得て、着工が目前となった。しかし、建設費の高騰《こうとう》もあり計画を見直し、公園南口まで１・４㎞について先行して着手し、30年の開業を目指すことになった。西口までの延伸もあきらめてはおらず、第２期という位置づけだ。

湊線の延伸は、沿線の観光振興を主目的として検討された。地方の観光振興を目的としたローカル線の延伸は、近年ではきわめて珍しい。

開業時には、ローカル線再生のモデルケースとして注目を浴びそうだ。

城端線と氷見線の再構築事業はローカル線維持のモデルとなる?

富山県の高岡駅は、城端線《じょうはな》と氷見線《ひみ》というふたつのローカル線の起点である。城端線は高岡―城端間29・9km、氷見線は高岡―氷見間16・5kmを結ぶ。いずれもJR西日本の路線である。

輸送密度（23年度）は城端線が2540、氷見線が2175。運転本数は毎時1本程度。一定の利用者がいて、極端に不便ではないが便利ともいえない、地方都市にありがちな郊外路線だ。

この2路線が、今後、数年で姿を大きく変えそうだ。JR西日本と地元自治体が、路線を「再構築」する方針で合意したからである。「再構築」とは簡単にいえば、新たに投資をしてよみがえらせる事業だ。

最大のポイントは、城端線と氷見線の事業主体をJR西日本からあいの風とやま鉄道（あい鉄）へ変更することである。あい鉄は富山県内の北陸新幹線の並行在来線を運営する第三セクターだ。つまり、両線はJRから、地元の第三セクター鉄道会社に移管される。

変更前に、JR西日本は新型車両を導入する。あい鉄への移管は、新車導入が完了する28年度末がメドとなる。新型車両は最新の電気式気動車などを想定。車両数は34両とし、現在より10両増やす。列車本数も増やし、現行の毎時約1本の運行を約2本の運行とする。パターンダイヤなど、利用しやすいダイヤも取り入れる。

交通系ＩＣカード対応改札機を全駅に設置し、券売機も改良、駅案内表示は改修し、旅客案内システムも取り入れる。駅周辺には駐車場やロータリーを整備し、パーク・アンド・ライドを推進。駅を起点とした市街地周遊バスを運行し、市営バス路線も再編するほか、デマンド型乗合《のりあい》交通の運行範囲も拡大し、鉄道と連携した利便性向上をはかる。

路線バスが駅へ乗り入れられるよう、駅へのアクセス道路も整備する。駅から中心市街地や観光施設に至る街路にアニメキャラクターのモニュメントを設置するなど、鉄道利用の観光客が散策を楽しめる環境も整備する。再構築にかかる鉄道施設整備費用は、総額で３４１億円が見込まれている。再構築事業には国から手厚い補助金が出るが、ＪＲ西日本も総額で１５０億円を拠出する。

城端線と氷見線の再構築事業について詳しく書いた。それには理由がある。この事業には、ローカル線を維持・活用していくための施策が多数盛り込まれていて、今後のモデルケースになりそうだからである。

鉄道という基幹的な交通サービスを30分間隔程度で終日提供して、チケットレスで利用しやすくし、できるだけ多くの沿線住民に乗車してもらう。そのために、駅からの二次交通や駐車場を整備する。近隣のバス路線も再編し、駅で列車と接続する。観光客を集める仕掛けも取り入れる。

こうした施策を一体的に実施するために、路線を第三セクターに移管し、地元主導で取り組んでいく、ということだ。ＪＲ運営のままでこうした取り組みができないのか、という疑問もないわけではない。しかし、ＪＲは黒字の大手民間企業であり、その路線に対する公費の投入には制約がある。かといって、ローカル線は利益を生まないので、民間企業であるJRとしても自社負担で大きな投資をするわけにはいかない。となると、現状維持が御《おん》の字となってしまう。

自治体としても、遠くの本社に権限があるJRより、地元に本社を構える第三セクター鉄道のほうが向き合いやすい、という話も聞く。「鉄道会社と沿線自治体が一体になって」というフレーズはよく耳にするが、現実問題として、一体になるのに、JRは地方自治体にとって大きすぎ、遠すぎるのだろう。

人口減少時代にローカル線を活用するためには、地域が主体となって再構築していくことが重要となる。氷見線・城端線は、その先導役として地平を切り開いていきそうだ。

「ローカル線の再構築事業」とは

城端線と氷見線で実施される「再構築事業」とは何か。今後の地方公共交通の将来を展望するうえで重要な制度なので、簡単に説明しておこう。

ここでいう「再構築事業」とは、「鉄道事業再構築事業」を指す。07年に初めて導入された。継続が困難または困難となる恐れがある鉄道事業を、地方自治体などの支援でよみがえらせる枠組みだ。自治体などが鉄道事業再構築実施計画を国土交通省に申請し、国土交通大臣が認定すると、国の補助を受けられる。

23年10月に改正地域公共交通活性化法が施行され、JR各社や大手民鉄のローカル路線も再構築の対象に加わった。同法施行にあわせて公表された基本方針によれば、対象となるのは「大量輸送機関としての鉄道の特性を生かした地域旅客運送サービスの持続可能な提供が困難な状況にある路線」である。

キーワードは「鉄道特性」で、具体的には輸送密度4000未満が対象となる目安であることが明記された。輸送密度4000に満たない路線は、利用者が少ないので、大量輸送という鉄道特性を活《い》かせていないのではないか、ということだ。

再構築事業の認定を受けると、予算面や税制面で幅広い優遇が受けられる。23年の法改正により、社会資本整備総合交付金の「地域公共交通再構築事業」という、手厚い補助制度も活用できることになった。この補助制度の適用を受けられるのは、駅施設、線路設備、電路設備、信号保安設備の改善などである。具体例を挙げると、鉄道の高速化、駅の新設・移設・改築、既存施設の撤去、鉄道とBRTの連携、GX/DX鉄道車両の導入などだ。国が最大2分の1を補助する。

再構築をする場合、事業構造を変更する。事業構造の変更とは、①事業の譲渡及び譲受《じょうじゅ》、②法人の合併・分割、③事業の実施主体の変更、④重要な資産の譲渡及び譲受、などを意味する。城端線・氷見線の場合は、JR西日本の路線をあい鉄に移管するので、①事業の譲渡に該当する。

端的にいえば、JRや私鉄を公有民営などのかたちで上下分離して、施設整備に多額の公費を投入するのが再構築事業の典型例である。ただし、国が支援するのは施設整備などまでで、赤字が出た場合の欠損《けっそん》補助はしない。営業赤字を補塡《ほてん》する必要がある場合、負担するのは地方自治体である。再構築事業では、自治体が鉄道維持に大きな責任を負わなければならない。したがって、自治体が中心となって取り組む制度設計になっている。

実際、城端線・氷見線の再構築事業では、富山県が前面に立って議論した。しかし、同県のように、ローカル線の再生に前向きな自治体は多くはない。とくに、JRのローカル線にかんしては、国鉄分割民営化時に政府・自民党がローカル線の維持を保証した経緯もあり、ほとんどの自治体は、国とJRに任せておきたいのが本音のようだ。JRが協議を申し入れても、自治体はやすやすと応じない。

そこで、23年法改正では、鉄道会社が再構築協議を希望し国が認めた場合は、自治体は応じなければならない、というルールが作られた。その協議の場として設けられるのが「再構築協議会」だ。再構築協議会の対象となるのは輸送密度4000未満だが、「輸送密度1000未満の区間を中心に、早急な改善が求められる区間を優先する」方針とされた。つまり、事実上の対象は輸送密度1000未満である。ただし、国の基幹的鉄道ネットワークを形成する区間については、当面、再構築協議会の対象とはならない。特急や貨物列車の走る幹線系統は除外する、ということだ。

再構築協議会では、協議開始後3年以内を目安に再構築方針を作成する。再構築方針は、必ずしも鉄道維持ではなく、バスなどへの転換も選択肢に含まれる。バスなどにより地域公共交通を再構築する場合も、鉄道同様かそれ以上の手厚い補助が受けられる。

再構築協議会の設置を自治体が警戒する理由

再構築協議会の要請を初めておこなったのはJR西日本である。23年10月3日に、芸備線《げいびせん》備中神代《びっちゅうこうじろ》―備後庄原間68・5㎞の協議を求めた。

同区間の平均輸送密度は48で、国内鉄道路線でもっとも輸送密度が低い区間のひとつだ。国土交通省が協議会の設置を認め、24年3月に初会合が開かれた。議論のゆくえは現段階では何ともいえないが、輸送密度48の区間を鉄道路線として維持していくことが相当に困難なことは確かである。

広島県はみずからの立場について『広島県内ローカル鉄道について』という資料で明らかにしている。22年3月に開かれた「鉄道事業者と地域の協働による地域モビリティの刷新《さっしん》に関する検討会」のヒアリング資料としてとりまとめたものである。

その内容から、広島県の主張をかいつまんで説明すると、以下のようになる。

「ローカル線を含めた鉄道ネットワークのあり方は、単に収益や採算の視点だけではなく、国の交通政策の根幹《こんかん》として考えるべき問題である。とくに、JRについては、国鉄改革時に、当時の不採算路線を含めて事業全体で採算が確保できるように制度設計された。それが維持できないならば、路線を廃止して縮小均衡を図るのではなく、JRのあり方そのものに立ち返って議論することが必要ではないか」

国鉄分割民営化時に、ＪＲは儲《もう》かる路線と儲からない路線をセットで引き継いだ。01年には、当時の扇千景《おうぎちかげ》国土交通相が「国鉄改革時に、当時の不採算路線を含めて事業全体で採算が確保できるように事業用固定資産の継承等をおこなってきたという経緯を踏まえる必要がある」と答弁。大臣指針で、ＪＲに対し「現に営業する路線の適切な維持に努める」ことを求めた。

にもかかわらず、儲かる路線だけを残し、儲からない路線を切り捨てるのであれば、国鉄分割民営化の設計そのものから見直すべきではないか。広島県は、そう主張しているのである。

ただし、このときの大臣指針は、ローカル線の廃止を否定したものではない。「現に営業している路線の全部又は一部を廃止しようとするときは、国鉄改革の実施後の輸送需要の動向その他の新たな事情の変化を関係地方公共団体及び利害関係人に対して十分に説明するものとする」としていて、利用者が激減した場合の廃止も想定している。

では、これまでの路線廃止時に、ＪＲは「十分に説明」をしてきたのか。広島県の湯崎英彦《ゆざきひでひこ》知事は、検討会の席上で、18年に廃止された三江《さんこう》線を例に挙げ、「ＪＲから申し入れがあって、1年議論して、その間に代替交通についてどうするのかという議論をして、それで終わりというようなのがパターンになっている。議論の間もなく採択されてしまう」と振り返った。ローカル線にかんしては、議論の席についたら負けということを、経験から学んでいるのである。

それだけに、「再構築」に対する広島県の警戒感は強い。芸備線は輸送密度がきわめて低いので、まともに議論すれば廃止を受け入れざるを得ない、という現実的な計算もあるだろう。

湯崎知事は24年6月に岸田文雄首相に面会し、「ネットワーク全体はどうあるべきなのかの議論」を訴えた。こうした政治的な動きが国の政策にどう影響するのかも興味深い。

肥薩線「八代—人吉間」、土壇場からの復旧実現——【2033年度以降】

肥薩《ひさつ》線は八代《やつしろ》—隼人《はやと》間１２４・２㎞の路線である。20年7月の九州豪雨で大きな被害を受け、八代—吉松間86・８㎞で不通が続いている。

球磨川《くまがわ》にかかるふたつの橋梁《きょうりょう》を流出するなど、被災箇所は４５０か所にのぼった。被災から1年半後の22年３月に、ＪＲ九州は復旧費を概算で２３５億円と公表。同社は復旧に消極的で、鉄路は土壇場《どたんば》に追い込まれた。

これに対し、熊本県は、河川事業の補助金などを活用してＪＲの負担を約1割に圧縮する案を示し、復旧を求めた。ＪＲ九州は、復旧後の「持続可能性」を理由に慎重な姿勢を示したが、最終的に、八代—人吉《ひとよし》間51・８㎞について、年間7億４０００万円とされる鉄道維持費を沿線自治体で負担することで、復旧に合意した。復旧区間は上下分離され、沿線自治体が鉄道施設を保有し、ＪＲ九州が運行を担うかたちになる。運行再開は33年度以降となる。

熊本県が示した肥薩線の活性化案では、新八代駅やくま川鉄道への直通、新たな観光列車の導入などが盛り込まれた。実現すれば、九州新幹線新八代駅からくま川鉄道湯前《ゆのまえ》駅までの観光列車が登場するかもしれない。パーク・アンド・ライド用の駐車場整備、鉄道と接続したフィーダー交通の整備といった、基本的な利活用策も盛り込まれている。

維持費を地元が負担する枠組みでの上下分離による復旧は、JRでは只見《ただみ》線で先例がある。肥薩線は「只見線モデル」の2例目といえる。ただし、只見線で地元が負担する維持費は年2億円程度だが、肥薩線はその3倍以上となる。悲願の復旧が実現するものの、地元は長期にわたり鉄路の維持費を負担し続けなければならない。

人吉―吉松間35㎞については、この協議の対象外で、復旧の見通しは立っていない。同区間は熊本、宮崎、鹿児島の3県にまたがり、それぞれの県で復旧への温度差がある。とはいえ、八代―人吉間の復旧決定が人吉―吉松間の復旧への後押しとなるのは確かだろう。

近江鉄道の存続を沿線自治体が選択した事情

ローカル線の再構築という視点で、全国から注目を集めた事例がある。滋賀県による近江鉄道の再生プロジェクトである。

近江鉄道は滋賀県のローカル私鉄である。琵琶湖の東岸、彦根《ひこね》市と東近江市を中心とする湖東《ことう》平野に、本線（米原―貴生川《きぶかわ》）、多賀《たが》線（高宮―多賀大社前）、八日市《ようかいち》線（八日市―近江八幡）からなる59・5㎞の路線網を有している。

地方鉄道としては規模が大きいが、利用者減少に苦しんでおり、1967年度に1126万人を記録した年間の輸送人員は、近年、500万人を割り込んでいた。鉄道部門の営業損益は94年度から赤字を続け、近年は年2億円以上に達している。

一方で、設備は老朽化し、更新するには多額の費用がかかる。16年、近江鉄道はついに白旗を掲げ、「民間企業の経営努力では鉄道事業の継続が困難」と滋賀県に協議を要請した。

協議は任意協議会でスタートし、法定協議会（近江鉄道沿線地域公共交通再生協議会）に格上げ。最終的には全線を上下分離のうえ、一般社団法人の管理機構が線路や駅の鉄道施設を保有し、近江鉄道が運営するかたちに移行することが決まった。24年4月1日に上下分離が実際におこなわれ、「新生近江鉄道出発式」が開催された。

鉄道施設を維持・更新する費用は、国の補助金でまかなわれる部分を除き、滋賀県と沿線10市町村で折半《せっぱん》する。沿線市町村では、東近江市が最大の約20%を負担する。

23年10月に公表された近江鉄道の再構築計画によると、24年度からの10年間で、近江鉄道の維持・管理・更新にかかる費用の総額は158億円にのぼる。このうち国が42億円、県と沿線10市町で116億円をそれぞれ負担する。財政に余裕のない自治体には重い金額である。

それでも沿線自治体は鉄道を残す決断をした。その判断材料となったのが、「クロスセクター効果」と呼ばれる数字である。鉄道が廃止されると、国や沿線自治体は代替バスを走らせたり、タクシー券を配ったり、渋滞を解消するための道路工事をしたり、人口減少を食いとめるための施策を講じたりしなければならなくなる。そうした事業費を試算し、鉄道の事業損失額と比較した数字である。近江鉄道の場合は、事業損失額が年6・7億円生じるが、代替施策の事業費は年19・1億円以上となる計算だった。赤字であっても鉄道を維持したほうが効果的ということだ。

鉄道の赤字だけに目を奪われず、鉄道が果たしている役割にも注目して、存廃の判断の参考にするという考え方である。クロスセクター効果が、今後のローカル線をめぐる議論で重視されるのは間違いない。

近江鉄道では、今後、増発、交通系ICカードの導入、軌道強化、定時性・速達性の向上、駅舎・駅設備の改良などにより、サービス改善に取り組む方針を示している。クロスセクター効果を踏まえて、自治体が中心となって鉄道を維持し、必要な投資をおこない、より利用しやすいかたちに改善していく。

さらに、滋賀県では地域公共交通を支える「交通税」の導入も検討している。こうした「滋賀県モデル」も、今後、各地で参考にされそうである。

北陸鉄道、「バス転換不可能」で存続へ

北陸鉄道は、金沢市近辺に石川線と浅野川《あさのがわ》線の2路線を運営している地方私鉄である。石川線は野町《のまち》—鶴来《つるぎ》間13・8㎞を結び、浅野川線は北鉄金沢—内灘《うちなだ》間6・8㎞を結ぶ。近年は利用者減と赤

字の増加に苦しんでいたところ、設備の老朽化もあって、同社は22年に上下分離を沿線自治体に要請した。

19年度の輸送密度は石川線が1882、浅野川線が3749である。両路線とも一定の利用者がいるものの、石川線については鉄道として維持しつづけるには厳しい数字であった。そのため、沿線自治体は、バス転換や、線路跡を専用道とするBRT化も選択肢として検討をおこなった。

ここで浮上したのが、バス運転士不足の問題である。金沢近郊においても運転士不足は深刻で、22年度の北陸鉄道グループの運転士の充足率は87%にとどまっていた。そのため、既存のバス路線の本数すら維持できない状況に陥《おちい》っていて、大幅減便に追い込まれていたのである。

バス運転士の年齢構成は40～60代が8割を占《し》め、今後、退職者数の増加も予想されていた。24年度からは、バス運転士の労働時間の基準（改善基準告示）が見直され、運転士1人あたりの労働時間が短縮されることも決まっていた。新規採用もうまくいっておらず、バス運転士不足が今後解消される見通しはなかった。

そんな状況で鉄道を廃止して、バスやBRTに転換したとして、運転士はどうするのか。鉄道でも運転士不足への対応は必要だが、1編成あたりの輸送力が大きいので、1人の運転士で運べる数はバスの比ではない。

北陸鉄道でもクロスセクター効果が計算された。鉄道をバスに転換した場合、バス利用を嫌って自家用車を使う人が多数発生し、現在の鉄道利用者数が、バスになると半減する予測となった。石川線を廃止し、一般道路を走行する路線バスに転換したとしても赤字は続き、持続的な交通の維持は担保されない。さらに、自家用車を使う人が増えれば道路渋滞は深刻化する。したがって、いままで石川線を使っていなかった自家用車利用者も、鉄道廃止の影響を受けてしまう。

こうした調査結果が出たことで、沿線自治体は北陸鉄道の要請を受け入れ、上下分離のうえ、鉄道を維持することを決定した。

23年8月の沿線自治体の首長会議では、増便やキャッシュレス化、パーク・アンド・ライド、車両更新の方針が示されたほか、中長期的には、北陸線への直通運転による金沢駅乗り入れや、香林《こうりん》坊《ぼう》への延伸などについて、技術的な検討をすることが決まった。施設を移管しない「みなし上下分離」を採用し、25年4月から沿線自治体が主体となって北陸鉄道の再構築に取り組む方針だ。

北陸鉄道の命運を決めたのは、バスの運転士不足とクロスセクター効果である。経営難の地方私鉄や第三セクター鉄道は多いが、人手不足という要因が存廃に強く影響したことは、これまでになかったかもしれない。しかし、今後は各地のローカル線存廃協議で、人手不足は避けられない論点になってくるだろう。

6章

車両ときっぷの未来

最後の寝台特急車両「サンライズエクスプレス」の見えない将来

東京―出雲市・高松間を結ぶ「サンライズ出雲・瀬戸」は、日本で最後に残された寝台特急である。その希少性から、最近は週末や学休期のチケット確保が難しいほど人気が高まっている。

現在使用している車両は285系サンライズエクスプレスで、98年に5編成35両が営業投入された。鉄道車両の寿命は30年程度なので、28年頃には、車両の老朽化で「サンライズ」の運行継続が難しくなることが予想される。延命措置を施《ほどこ》したとしても、30年代半《なか》ばには限界が来るだろう。となると、気になるのは、後継となる新型車両が開発されるのか、という点である。

筆者の知る限り、いまのところ、新たな寝台特急電車製造の動きは見られない。

逆に、廃止に向けた動きもない。寝台特急「北斗星」が廃止されたときは、北海道新幹線開業という事情があったが、山陰や四国方面で新たな新幹線計画が実現するメドは立っていない。「サンライズ出雲・瀬戸」の直近の乗車率も悪くないようなので、車両老朽化以外に廃止するきっかけはなさそうである。

注目は新型車両を製造するかどうかだが、製造するとなれば、さらに30年間「サンライズ」を運行し続けることを意味する。人口減少下、JRとて人手不足が予想される状況で、1日1往復の夜行列車を維持する手間を考えれば、廃止という判断になる可能性も小さくはない。

一方、JR西日本では「WEST EXPRESS 銀河」という観光用車両で、夜行列車を運行している。「WEST EXPRESS 銀河」は、「気軽に鉄道旅行を楽しみたい」というニーズに応《こた》えたもので、「サンライズ」更新を見据《みす》えた実験的な車両にも感じられる。JR東日本も、24年夏から特急「アルプス」という臨時夜行列車を設定して、利用動向を調べているようである。つまり、夜行列車という運行形態をJRが完全に見限ったわけではないようだ。となると、「サンライズ」の車両更新と存続にも希望が持てる。

285系の場合、開発発表は営業投入の1年半前であった。「サンライズ」の寿命を製造後30年と仮定すれば、新型車両の導入は26年頃に発表される。現行車両をもう少し長く使うとなれば、発表は30年代前半になるだろうか。

一方、新型車両を導入しないとなれば、その頃に運行終了がアナウンスされるはずである。新車導入を願いたいところだが、廃止の可能性も否定できない。いずれにしろ、30年前後に空前の「サンライズブーム」が訪れるかもしれない。

特急「やくも」新型車両から読む「鉄道の未来」とは

24年4月6日、伯備《はくび》線特急「やくも」で新型車両273系が営業運転を開始した。

273系には注目点がいくつかあるが、特筆すべきは「車上型制御付自然振子《ふりこ》方式」を日本で初めて使用した車両であることだろう。カーブの多い伯備線を高速で走行するために、旧型の381系では自然振子方式が使われていたが、揺れが大きいのが難点だった。それに比べると、新振子式は揺れが小さい。乗り物酔い評価指標が最大23％改善したそうだ。

別の注目点として、客室設備がゆったりとしていて、バリエーション豊かなことも挙げられる。普通車のシートピッチは新幹線なみに広く、グリーン車は3列シート。定員2名と4名のセミコンパートメントを設定するなど、余裕のあるつくりになっている。その結果、273系4両編成の定員は171名にとどまる。

381系は4両または6両編成で、付属編成もあわせて7両または9両で運転することもあった。しかし、273系は4両編成のみで、ピーク時に連結しても8両が限界となる。11編成計44両しか導入計画がなく、総車両数は381系の66両に比べ3分の2に減る。車両定員を抑えたうえに、導入車両数も少ないのだ。

おそらくは伯備線特急の利用者が減少傾向にあり、JRとして今後も回復しないことを見越しての措置《そち》だろう。利用者減少を見据え、座席のバリエーションを増やし、ゆとりある空間にすることで、ファミリーをはじめとした幅広い利用者に快適に利用できるようにしたと察せられる。

バリアフリーへの配慮も行き届いている。3号車の出入口ドアは、他のドアより30㎝広く、車椅子が入りやすいよう配慮されている。車内には車椅子用の座席が3席分用意されている。多目的室や大型トイレ、荷物置き場も備える。障がい者や高齢者、荷物の多い旅行者も利用しやすいつくりである。

走行面で最新技術を導入し、多様な旅行者に対応した設備を用意し、人口減少を見据えた余裕ある空間を提供する。まさに、日本の鉄道の未来を象徴する新型車両といえるのではないだろうか。

振子式車両としては、JR東海も特急「しなの」向けの新型車両385系を開発中だ。次世代振子制御技術の開発・導入を掲《かか》げていて、26年度に量産先行車が運行を開始し、29年度の営業投入を目指している。

現在の「しなの」は6両が基本で、付属編成を組み合わせて最大10両で運行している。一方、量産先行車は8両編成である。385系の量産車を8両で統一するのかは注目点となる。「やくも」は減車したが、「しなの」はどうするのか、という話である。

非電化区間に新タイプの車両が続々。液体式気動車は絶滅危惧種に？

ひと昔前まで、非電化路線を走る車両といえば、気動車と決まっていた。軽油を燃料とするディーゼルエンジンで走る液体式気動車車両である。

しかし、環境面への配慮もあり、最近はさまざまなタイプの車両が走るようになっている。実用化されているものでいえば、充電で走る蓄電池車両、ディーゼルエンジンで発電してモーターで走行する電気式気動車、ディーゼルエンジンと蓄電池を組み合わせたハイブリッド車両である。開発

烏山線を走るJR東日本EV-E301系電車

中の車両には、水素を燃料とする燃料電池車両もある。

　このうち蓄電池車両は、蓄電池を搭載した「電車」である。電化区間の走行時に架線から電力の供給を受け蓄電池に充電し、非電化区間では蓄電池の電力で走行する。

　蓄電池の容量が走行距離に影響するため、比較的短距離の区間に向いている。ＪＲ東日本のＥＶ－Ｅ３０１系（烏山《からすやま》線ほか）、ＥＶ－Ｅ８０１系（男鹿《おが》線ほか）、ＪＲ九州のＢＥＣ８１９系（筑豊《ちくほう》線ほか）などがある。

　電気式気動車は、ディーゼルエンジンで発電機を回し電気によりモーターで走行する車両である。ＪＲ東日本のＧＶ－Ｅ４００系（羽越《うえつ》線、奥羽《おうう》線ほか）、ＪＲ北海道のＨ１００形（道内各線）などがある。

　ハイブリッド車両は、ディーゼルエンジンと発電機、蓄電池を搭載したものだ。エンジンで発電機を回し電気によりモーターで走行するのは電気式気動車と同じだが、ブレーキ時に発生した電気エネルギーを蓄電池に蓄《たくわ》えて加速時に使用する仕組みも備える。これも「気動車」と分類される。ＪＲ東日本ＨＢ－Ｅ３００系（リゾートしらかみほか）、ＨＢ－Ｅ２１０系（仙石《せんせき》東北ライン）、ＪＲ東海のＨＣ－85系（ひだ、南紀）、ＪＲ九州のＹＣ１系（長崎線、佐世保線ほか）などがある。

燃料電池車両は、屋根の上に水素タンクを設置し、車両下の燃料電池装置で空気中の酸素と反応させて発電する仕組みである。試験車両としてFV-E991系（HYBARI）がある。

それぞれ仕組みに違いはあれど、電気を使ってモーターで走ることは共通している。そのため、いずれも電車と共用できる部品が多く、メンテナンスをしやすい利点がある。雑な言い方をすれば、非電化区間でも「電車みたいな車両」が走れるようになってきた、ということだ。

車両の進化を受け、電化設備そのものを見直す動きも出てきた。運行本数の少ない電化区間は、電化設備を撤去して、「電車みたいな車両」を走らせたほうが維持費が安い、という考え方である。実際、JR東日本は、電化区間だった磐越西線《ばんえつさい》の会津若松―喜多方間で電車の運転を取りやめ、代わりに電気式気動車を投入している。こうした動きが、他路線に波及《はきゅう》する可能性は小さくない。

旧来の液体式気動車は作られなくなってきている。かつては、非電化区間といえば液体式気動車がエンジンを唸《うな》らせて走っていたが、そうしたイメージは過去のものになりつつある。液体式気動車車両は絶滅危惧種になっていき、蒸気機関車のように保存対象になる日が来そうである。

新幹線、在来線、私鉄…新型車両導入の動向は？

では、ここで、20年代後半以降の鉄道新型車両の導入見通しを、公表されている範囲でざっと見ておこう。

東海道・山陽新幹線では、現行のN７００Sが28年度まで増備されることが発表されている。29年度以降は未定だが、新型車両が出ていいタイミングだ。東北・北海道新幹線では、札幌延伸を見据えた新型車両が30年代に登場するだろう。JR東日本の新幹線試験車両E９５６形「ALFA-X」をベースにした、最高時速３６０㎞運転を目指す高速車両である。

在来線特急車両では、先にも触《ふ》れた特急「しなの」の新型車両３８５系をJR東海が開発中だ。26年度に量産先行車の運行を開始し、29年度の営業投入を予定する。

智頭《ちず》急行「スーパーはくと」のHOT７０００系の後継車両も検討が進んでいる。同社社長は24年6月の株主総会で、「4、5年後の新型車両の導入」を明らかにした。ハイブリッド車両を軸に検討が進められているようである。

JR西日本では、電気式気動車DEC７００形を開発し、21年から試験運転をおこなっている。量産車については、本書執筆時点では未発表だが、近い将来に発表されそうだ。JR東日本が開発している水素ハイブリッド電車FV-E９９1系（HYBARI）は、30年頃に営業投入の予定である。

JR四国は、ローカル線普通列車向けのハイブリッド車両を開発中だ。25年12月に量産先行車2両編成2本を製造し、27年度の量産車導入を予定している。この新型車両は、キハ40系などの置き換えに投入される。キハ40系は、ローカル線向けの国鉄型車両の代表格として人気があるが、四国だけでなく、全国で引退が進みそうである。

私鉄の車両も見ていこう。まず東武鉄道が、アーバンパークライン（野田線）向けの新型車両8

0000系を25年春以降に導入する。同線の既存車両は6両編成だが、80000系は5両編成で作られる。既存車両も5両に減車し、アーバンパークラインは5両編成が基本となる。

東武鉄道では東上線の9000系を置き換える新型車両も導入する。導入時期は明らかではないが、24年度に設計を開始している。

京王電鉄では、26年初めに2000系の運行を開始する。10両編成で、27年3月までに4本40両を導入する。京成電鉄では3200形を25年冬に導入する。編成車両数を2両単位でフレキシブルに変更できるのが特徴だ。東京臨海高速鉄道りんかい線では71-000形10両編成の運行を25年度下期に開始する。

近鉄は24年秋に8A系を導入する。ロングシートとクロスシートを切り替えられる「L／Cシート」（デュアルシート）を採用した新型車両だ。当初は奈良線、京都線などに投入し、名古屋線や大阪線、南大阪線などに広げていく。

仙台市営地下鉄南北線では、24年秋に3000系4両編成を投入する。30年度までに最大22本88両を製造し、従来の1000N系を一気に置き換える。福岡市営地下鉄空港線でも24年秋に4000系を投入する。

これらの新型通勤車両で共通するのは、床面高さとホームとの段差を低減すること、車両端にフリースペースを設置すること、荷棚や吊手《つりて》を低くすることなど、ユニバーサルデザインが行き届いていることだ。一部の車両では、ドア間を全部使った「大型フリースペース」を設置したり、子ども向けに窓位置を下げた大型窓を設けている。座席幅を広めにとった車両もあり、福岡地下鉄４０００系の座席幅４８０㎜は国内最大となる。

また、多くの車両で、車両機器を常に監視できる車両情報管理システムを採用し、車両不具合時の早期対応ができるようになっている。省エネルギーや環境性能も高まっている。

安全面への配慮も強化されている。京王電鉄は、今後の方針として、車両併結《へいけつ》による非貫通車両の解消を目指している。車内で凶悪事件が相次いでいることを受けた措置で、車内での逃げ場を確保するため新型車両は基本的に貫通車両で作られる。今後は他社も含め、安全面への配慮から、非貫通車両が減っていきそうである。

地方私鉄でも新型車両の投入がおこなわれる。目を引くのは伊予鉄道で、７０００系の３両編成６本18両を25年から27年にかけて導入する。高松琴平電鉄も26年度からの新型車両導入を発表している。京福《けいふく》電鉄嵐山線（嵐電《らんでん》）では、24年度から28年度にかけて「KYOTRAM」を7両導入する。

ワンマン運転からドライバレス運転への移行状況は？

列車には原則として運転士と車掌が乗務する、というのは昔の話である。近年は車掌が乗務しないワンマン運転の列車が、地方でも大都市圏でも増えている。

東京メトロでは９路線のうち４路線（南北線、丸ノ内線、副都心線、有楽町線）でワンマン化している。東急は世田谷線を除く8路線中6路線がワンマン運転で、実施していないのは田園都市線と大井町線だけになった。

ＪＲ東日本も首都圏の主要路線でワンマン化の準備を進めている。対象は、山手線、京浜東北・根岸線、南武線、横浜線、常磐線（各駅停車）などで、25年から30年頃にかけて、順次実施する。

ワンマン化は、鉄道運行の省人化の終着点ではない。先にあるのは、運転士なしで運行する、「ドライバレス運転」である。ＪＲ東日本では、ドライバレス運転を目的として、ＡＴＯ（自動列車運転装置）の開発を進めている。22年10月には、山手線の営業列車で実証運転がおこなわれた。運転士は乗務したものの、運転操作はしない。実証運転は2か月ほどおこなわれ、事故もなく終了。ＪＲ東日本は28年頃にＡＴＯを導入する方針を明らかにした。

国土交通省は、鉄道の自動運転のレベルを6段階で示している。レベルの高いものから順に、係員が乗務しない（レベル4）、運転士ではない係員が列車の先頭部以外に乗務する（レベル3）、運転士ではない係員が列車の先頭部に乗務する（レベル2・5）、運転士が乗務しＡＴＯを用いる（レベル2）などとなっている。

山手線が目指しているのはレベル3である。先頭に運転士が乗務しなくていい「ドライバレス」なので、動力車操縦者免許を持たない係員1人で列車を運行できる。運転士養成には時間もコストもかかるので、不要になるのは大きい。

ただし、レベル3のように先頭部に誰も乗せずに運行させるとなると、地上や車両の安全設備を充実させなければならない。たとえば、ホームドアの設置は不可欠で、踏切からの線路侵入防護板、自動車用防護柵《さく》、脱線検知装置など、さまざまな事態を想定した設備が必要だ。その導入コストは大きい。したがって、レベル3を実現できるのは、相応の輸送量のある主要路線か、立体化が進み安全確保のしやすい路線に限られそうだ。

地方の郊外路線のように輸送量が小さい区間では、レベル2・5を目指すことになる。係員が先頭に乗務しなければならないが、やはり免許は不要なので、ドライバレスで運行できる。JR九州の香椎《かしい》線が、24年3月から一部列車でレベル2・5の営業運転を開始した。踏切のある路線でのレベル2・5は初めてである。

ドライバレス運転に向けた実験は鉄道各社でおこなわれている。東武鉄道はレベル3を目指し、大師《だいし》線などで検証をおこなっている。東京メトロではレベル2・5を目指して、25年度から丸ノ内線で実証運転を開始する。

完全立体化が実現している新幹線には踏切がない。その点で、ドライバレス運転へのハードルは在来線より低そうである。JR東日本は、上越新幹線でレベル3のドライバレス運転を、30年代半ばまでに実現する目標を掲げている。JR西日本と協力して、北陸新幹線での導入も検討する。

JR東海は、東海道新幹線でレベル2の自動運転を、28年度以降に営業運転で実施する。レベル2はドライバレスではないが、運転士の負担は軽減できる。

人口減少時代において、運転士不足への対応は不可欠で、列車運行の自動化は重要だ。路線により「レベル」の差はあれど、国内各地の鉄道で当たり前になっていくだろう。

「みどりの窓口」縮小を進めるJRの事情とは

ＪＲ東日本は、21年5月に、駅の窓口（みどりの窓口）を、全体で１４０駅程度にまで縮小する方針を発表した。その時点で４４０駅あったので、約７割を削減するという大規模な縮小案である。この計画に基づいて、ＪＲ東日本のみどりの窓口が次々と消えていった。

ＪＲは、みどりの窓口のかわりに、オンライン販売の「えきねっと」や券売機の利用を促《うなが》していた。しかし、「えきねっと」や券売機の使い勝手が悪いことや、購入できないきっぷがあることなどから、営業を継続している駅の窓口に利用者が殺到し、長蛇《ちょうだ》の列が発生する事態が起きてしまった。その結果、ＪＲ東日本は24年5月に窓口削減の凍結を発表。喜勢陽一《きせようういち》社長が謝罪した。

本来なら、「えきねっと」や券売機の使い勝手を改善して、購入できないきっぷを減らし、窓口がガラガラになった段階で、削減に手を付ければよかった話である。そうではなく、窓口を減らすことで、使い勝手の悪いオンラインに「強制誘導」しようとしたことに混乱の原因があった。その点では、拙速《せっそく》な施策だったといえる。

とはいえ、ＪＲとしても、窓口を縮小せざるを得ない事情がある。ひとつは、コロナ禍をきっかけとした経営難への対応で、要はコスト削減である。

あわせて、人手不足への対処という理由もあった。ＪＲ各社では、国鉄末期に採用した職員が大量に退職する時期に差しかかっている。23年4月1日現在、ＪＲ東日本の社員（定年再雇用含む）は60歳以上が９１５０人で、全体の17％を占《し》める。この年代は数年以内に完全リタイアする。窓口削減は大量退職を見込んでの措置だったようで、削減凍結を発表後、ＪＲ東日本は新卒と経験者の採用計画を拡大した。

ただ、いまは採用拡大ができたとしても、若年人口の減少で、今後の人員補充は徐々に難しくなっていく。そうした時代がすぐそこまで来ている以上、今後も省人化を図らなければならないのは確かだろう。

窓口を削減し、オンライン販売に力を入れているのは、ＪＲ他社も同じである。たとえば、ＪＲ西日本は、20年度からの３年間で、約３４０駅あったみどりの窓口を約１８０駅にまで減らすと発表している。30年度には１００駅程度にまで縮小する見通しを示していて、インターネットや券売機の利用を促している。

ＪＲ東海は、建設中のリニア中央新幹線で中間駅にきっぷ売り場を設けない方針を示唆《しさ》している。チケットのオンライン販売を前提としているようである。

ＪＲに限らず、鉄道各社は、オンライン販売とチケットレス化を推進している。インターネット上でさまざまなきっぷを販売し、駅の窓口や券売機に立ち寄らずとも利用できる環境を整えようと努力しているのである。逆に言えば、長い目で見たとき、これから鉄道会社が窓口を大幅に増やす対応をする可能性は低い。オンライン販売に誘導して窓口を減らしていく、という方針を撤回する理由が見当たらないからである。

鉄道各社が磁気券をQRチケットに切り替える理由

鉄道のきっぷにはいくつか種類がある。少し前までは、裏が黒い紙のきっぷ（磁気券）と交通系ICカードがほとんどだった。最近はそこに、QRチケットとクレジットカードのタッチ決済が加わるようになった。

なかでも、これから大きく増えそうなのが、QRチケットである。QRチケットは、当初、広島県のスカイレールサービス（24年5月廃止）や沖縄のゆいレールといった、比較的営業規模の小さい独立系の路線で広まった。しかし、近年は大手鉄道事業者が急速に取り入れ始めている。

21年3月には、東海道・山陽新幹線でネット購入の場合にQRチケットが使えるようになった。24年10月には、JR東日本がQRチケットを使った新しい乗車サービスとして「えきねっとQチケ」を東北エリアで開始した。「えきねっと」でチケットを購入し、スマホアプリに表示させる方式である。

アプリでは区間、乗車日などの情報とQRコードを表示でき、QRコード対応改札機のリーダー（読み取り部）にかざせば通過できる。QRコード対応改札機がない場合は、アプリの「利用開始」

ボタンをタッチすればいい。乗車券・特急券の両方に対応する。

チケットの情報は、ＪＲのセンターサーバーで管理する。ＱＲコードにチケット情報が載っているわけではない。つまり、自動改札機にはＱＲリーダーだけでなく、センターサーバーと瞬時に交信する機能が備えられている。ＪＲ東日本では、こうした機能を有するＱＲ対応改札機を増やしていき、26年度末までに「えきねっとＱチケ」のサービスを同社全域に広げる予定である。

ＪＲ西日本も近畿圏在来線２４４駅のうち、自動改札機を設置している２１１駅にＱＲリーダーを設置する予定を明らかにしている。同社では、スマホアプリやインバウンド向けのＱＲサービスとして、周遊券類をＱＲチケットで販売する計画だ。

24年6月には、関西私鉄が集まるスルッとＫＡＮＳＡＩ協議会が、ＱＲコードによるデジタル乗車券として「スルッとＱＲｔｔｏ（クルット）」を開始している。

26年度末以降には、首都圏の主要鉄道会社で、磁気券をＱＲチケットに置き換えていくプロジェクトが始まる。参加を発表しているのは、ＪＲ東日本、京成、京急、新京成、西武、東京モノレール、東武、北総《ほくそう》の8社である。

これら8社では、駅の券売機で販売される紙の乗車券（近距離券）を、磁気券からＱＲコードを印刷した紙のチケットに置き換える。自動改札機を通過する際は、磁気券を改札機に通すのではなく、印刷されたＱＲコードを改札機のリーダーにタッチする。

ＱＲチケット情報は鉄道8社共用のサーバーが管理する。各社が同一のシステムを使用することで、会社間にまたがるQRチケットの発券もできる。東急や小田急、京王などは24年5月時点で参加表明をしていないが、各社とも何らかのかたちで連携することになるだろう。

関西では、京阪が29年度までに磁気券を廃止し、QRチケットに置き換える方針を明らかにしている。

QRコードが磁気券より優《すぐ》れている点として、券売機で紙のきっぷとして発売できるだけでなく、インターネットで販売してスマホ画面に表示させたり、自宅のプリンタでプリントアウトできることだ。オンラインでチケットを購入した場合には、駅できっぷを受けとる必要がない。

QRコードは、とくに、交通系ICカードを持たない外国人旅行者に有用だ。また、アプリで販売するチケットとしても扱いやすい。本書では詳しく触れないが、MaaS（Mobility as a Service）とも相性がいい。いわばユニバーサルな鉄道きっぷなので、今後も広く定着していくだろう。

一方、磁気券は、対応改札機が複雑な機構のため、維持するのにコストがかかる。また、磁気券の紙に塗布《とふ》された金属成分の処理が難しいという環境問題もある。そのため、QRチケットの普及と入れ替わるように、磁気券は姿を消していきそうだ。

クレジットカードのタッチ決済も全国へ拡大

QRコードと並び、これから大きく利用が拡大しそうなのが、クレジットカードのタッチ決済だ。

対応クレジットカードを改札機にかざすだけで通過できるという、シンプルで便利な仕組みである。

日本でタッチ決済を初めて導入したのは京都丹後鉄道で、20年のことである。翌21年には大手私鉄で初めて南海電鉄が試験導入し、22年には福岡市営地下鉄が続いた。さらに、25年の大阪・関西万博を前に、阪急、阪神、近鉄といった関西の大手私鉄各社が導入する。

ＪＲ九州も福岡と鹿児島エリアで実証実験を開始した。熊本県では、路線バスや市電でタッチ決済を導入すると発表して話題になった。

タッチ決済のメリットは、事前にきっぷを買う必要がなく、チャージの必要もないことだ。利用者は改札口でタッチするだけで、後日、乗車区間の運賃が請求される仕組みである。交通系ＩＣカードを持っていない外国人旅行者も、タッチ決済ならチケットレスで鉄道を利用できる。南海電鉄が大手で最初に導入したのは、同社が関空アクセスを担《にな》っていて、入国直後の外国人観光客が多く利用するためである。

タッチ決済の特徴は後払いである。そのため、利用状況に応じてさまざまな割引をしやすい。たとえば福岡市営地下鉄の場合、１日の上限金額を６４０円と定めている。これにより、利用者は1日乗車券を買わなくても同等の効果を得られる。事業者は1日乗車券を設定する必要がなくなる。

南海や福岡地下鉄が先行してタッチ決済を導入できたのは、相互直通運転の規模が小さく、導入エリアが限られるからだろう。しかし、多くの大都市圏の鉄道は広く相互直通運転をおこなっているので、タッチ決済を導入するなら各社が足並みを揃えなければならない。これが難題だが、関西は25年の万博のタイミングで各社が一斉に対応して、このハードルを乗り越えた。首都圏でも、東急、京急、東京メトロなどが実証実験に乗り出している。

タッチ決済のメリットは、QRコードと同様、外国人観光客など、ふだん交通系ICカードを持たない利用者にも使いやすいことだ。事業者側にしてみると、導入コストが交通系ICカードより安い。一方で、クレジットカード所持が前提なので、カードを持たない人、持てない人は使えない。とくに児童が使えないのが大きな問題となる。

交通系ICカードはさらなる進化を遂げる

交通系ICカードにも進化が起こり始めている。JR東日本は次世代Suicaともいえる「新しいSuicaサービス」を開発し、23年から導入を開始している。手始めに青森、盛岡、秋田の新規エリアに新しいサービスに対応した改札機を投入していて、首都圏などの既存エリアでも26年度までに改札機を置き換えていく。

これまでのSuicaは、カードに記憶された残高を改札機で引き去るという、ローカルな処理がおこなわれていた。そのため、販売できるきっぷに制限があった。

これに対し、新しいSuicaでは、センターサーバーが運賃計算などをおこなうクラウド型になっている。当面は従来のシステムと併存させるようだが、いずれすべての処理をセンターサーバーでおこなうようになるだろう。前述したQRチケット対応の新型改札機導入と、軌《き》を一《いつ》にしていると考えればよさそうだ。

これにより、たとえば異なるエリア間でのSuica利用が可能になったり、割引クーポンなどを使った柔軟な割引ができるようになる。時間はかかるだろうが、全国の交通系ICカード改札機がすべてクラウド型に移行すれば、ICカードの用途は大きく広がりそうである。

顔認証に無線通信認証…タッチレス改札が次々登場

大阪メトロの各駅には、大きな白い枠のある改札機が設置されている。顔認証のタッチレス改札機だ。大阪メトロが顔認証の改札機の実証実験を開始したのは19年である。

24年3月からは、一般モニターによる実験も開始した。実験では、券売機できっぷを購入すると、顔データで通過できる。25年の大阪・関西万博に間に合うよう、同社全駅に顔認証改札機を設置する予定だ。

JR西日本も追随《ついずい》している。23年3月に開業した大阪駅のうめきたエリアに顔認証改札機を設置した。スマートフォンサイトでICOCA定期券のIDと顔情報を登録することで、改札機をタッチレスで通過できる。

千葉県佐倉市の山万《やままん》ユーカリが丘線では、定期券を顔認証システムのみの販売に切り替えた。24

年6月に通勤定期券を顔認証のみとし、通学定期券なども順次移行していくという。全面的に顔認証へ移行、というのは驚かされるが、将来的には、こうした路線が増えていくかもしれない。

タッチレス改札機には顔認証のほか、デバイス（スマホ）との無線通信による認証方式もある。無線通信の認証方式で実験をしているのは、JR東日本だ。同社では、Suica認証可能なタッチレスゲートを開発している。改札アンテナとSuica搭載のスマートフォンが交信することで、タッチレスで改札機を通過できる仕組みである。

おわりに――

鉄道の建設・運営は、国の政策の影響を強く受ける。したがって、国の方針を確認すれば、未来の鉄道の姿を、ある程度は予見できる。そのため、本書では、国土交通省の有識者会議の答申やとりまとめ、それに基づいて制定されたガイドラインなどをベースにして、鉄道の将来像を見通すかたちにした。個々の計画については、地方自治体や鉄道事業者などが作成した資料を参照している。未来を語るには、過去を振り返らないといけない。とくに鉄道プロジェクトは、1つひとつに長い経緯があり、構想から実現まで数十年かかることも珍しくない。10年後を説明するには20年前から振り返る必要がある。本書では、ときに古い経緯をさかのぼって紹介している項があるが、そういう理由からである。

新幹線の基本計画路線については、建設運動のある路線についてはできるだけ触れた。これも基本計画策定から50年という、長い歴史を尊重したためである。

JRには、国鉄分割民営化という重い歴史がある。国民の財産を継承した経緯を尊重するならば、利用者の少ないローカル線とて、簡単に切り捨てることは難しい。そうした事情を改めて確認するために、ローカル線の再構築を説明する項では、20年以上前の国会答弁を紹介した。

ローカル線については、急激な人口減少という、分割民営化時におそらく想定していなかった時代を迎え、いつまでも過去の枠組みにとらわれ続けることができない状況になっている。今後、利用者の極端に少ないローカル線で廃止が進むのは避けられないだろう。

一方で、バスの運転士不足という深刻な問題が広まっている。鉄道を廃止してもバス転換ができないという、こちらも過去に予測できなかった時代が訪れた。

鉄道でも運転士は不足しているが、列車には少ない人員で多数の利用者を運べる利点がある。自動運転へのハードルも、バスよりは低い。となると、今後のローカル線議論では、鉄道をできるだけ維持する前提で、いかに活用するかについて、知恵を絞るようになっていくのではないか。

本書では主に2050年代までの未来を記したが、人口減少はその後も続く。インバウンドは増えるだろうが、受け入れ能力には限界があり、いずれ頭打ちとなるときが来る。鉄道新線建設のハードルは上がっていき、建設できる区間は限られていくだろう。鉄道新線には夢があるが、現実を見れば、既設線の維持・更新で手一杯になっていく可能性が高い。

いうまでもなく、鉄道は建設、維持それ自体が目的ではない。まちづくりに組み込んで、誰もが利用しやすい公共交通を提供することが重要である。今後とも、日本全国の鉄道ネットワークが広く維持され、より使いやすいかたちに進化していくことを願ってやまない。

2024年8月

鎌倉 淳

- JR肥薩線再生協議会『JR肥薩線復興方針(案)』2023年12月
- JR肥薩線再生協議会『JR 肥薩線鉄道復旧調査・検討事業中間報告(要旨)』2023年6月
- 滋賀県ホームページ『近江鉄道線のあり方検討』2024年4月23日
- 滋賀県『近江鉄道線鉄道事業再構築実施計画(案)について』2023年11月22日
- 北陸鉄道線のあり方に関する沿線自治体首長会議『北陸鉄道石川線・浅野川線のあり方について』(2023年8月)

【6章】

- 西日本旅客鉄道『特急「やくも」に投入する新型車両のデザインの決定について』2022年10月20日
- 砺波市『様々な新型鉄道車両』2023年7月30日
- 四国旅客鉄道『ハイブリッド式ローカル車両の導入について』2024年2月14日
- 西日本旅客鉄道『新型電気式気動車(DEC700)の導入について』2021年6月25日
- 東日本旅客鉄道他『水素をエネルギー源としたハイブリッド車両(燃料電池)試験車両の開発』2020年10月6日
- 東海旅客鉄道『新型特急車両「385系」量産先行車の新製について』2023年7月20日
- 東武鉄道『2025年から東武アーバンパークラインに5両編成の新型車両80000系を導入します』2024年4月16日
- 東武鉄道『2024年度の鉄道事業設備投資計画設備投資計画は総額403億円』2024年4月30日
- 京王電鉄『2026年初め、新型通勤車両「2000系」を導入します』2024年5月10日
- 京成電鉄『2025年冬に「3200形」を導入します』2024年5月20日
- 東京臨海高速鉄道『りんかい線に新型車両 71-000 形を導入します』2023年11月6日
- 近畿日本鉄道『2024年10月 奈良線・京都線で新型一般車両がデビューします!』2024年5月10日
- 仙台市ホームページ『南北線新型車両3000系特集』
- 福岡市『地下鉄空港線・箱崎線 新しい車両が決定しました!!』2023年11月30日
- 伊予鉄道『郊外電車に新型車両7000系を導入!』2023年11月14日
- 京福電気鉄道『嵐電 新型車両「KYOTRAM」(「きょうとらむ」)7両導入』2023年5月30日
- 東日本旅客鉄道『首都圏の輸送システムの変革を進めます』2021年12月7日
- 東日本旅客鉄道『山手線の営業列車で自動運転を目指した実証運転を行います』2022年5月10日
- 鉄道における自動運転技術検討会『鉄道における自動運転技術検討会とりまとめ』2022年9月13日
- 東武鉄道『鉄道の自動運転(GoA3)実施に向けた検証を東武大師線において開始します』2021年4月20日
- 東京地下鉄『丸ノ内線において自動運転の実証試験を実施します』2023年3月24日
- 東日本旅客鉄道、西日本旅客鉄道『JR東日本とJR西日本は、新幹線の自動運転について技術協力します』2023年5月9日
- 東海旅客鉄道『最新の技術を活用した経営体力の再強化』2022年10月31日
- 東日本旅客鉄道『チケットレス化・モバイル化を推進し、「シームレスでストレスフリーな移動」の実現に向けた乗車スタイルの変革を加速します』2021年5月11日
- 西日本旅客鉄道2020年12月社長会見『2.さらなる環境変化を踏まえたセルフ化促進と今後の駅の販売体制』2020年12月16日
- 東日本旅客鉄道『QRコードを使用した新たな乗車サービスの導入について』2022年11月8日
- 京成電鉄他『鉄道事業者8社による磁気乗車券からQRコードを使用した乗車券への置き換えについて』2024年5月19日
- 西日本旅客鉄道『QRチケットサービスを導入します』2023年12月21日
- 大阪市高速電気軌道『大阪・関西万博に向けQRコード、Visaのタッチ決済、顔認証に対応した改札機を順次導入します』2023年2月13日
- 福岡市地下鉄『福岡市地下鉄におけるタッチ決済乗車について』2024年4月1日
- 東日本旅客鉄道『新しい Suica 改札システムの導入開始について』2023年4月4日
- 西日本旅客鉄道『大阪駅(うめきたエリア)における「顔認証改札機」実証実験に向けてモニターの募集を開始!』2023年3月2日
- 會田泰葉、大滝和司『ミリ波を活用したタッチレスゲートの研究』(JR EAST Technical Review-No.68-2022)

- 東日本旅客鉄道『山形新幹線をより便利に快適にします』2020年3月3日
- 函館市『新幹線等の函館駅乗り入れに関する調査業務調査報告書』2024年3月
- 北海道ウェブサイト『函館線（函館・小樽間）について（北海道新幹線並行在来線対策協議会）』会議資料
- 岡田忠夫『並行在来線の収益構造の分析から見た今後の鉄道経営のあり方について』（日本都市計画学会都市計画論文集VOL56）2021年10月
- 楠木行雄『整備新幹線財源の持続可能性に関する法制的問題点の検討』（運輸政策研究Vol.15 No.3 2012 Autumn）2012年
- 大嶋満『貨物調整金制度の見直しに向けて』（立法と調査、No. 428）2020年10月
- 日本貨物鉄道『JR貨物グループ 中期経営計画2026 〜一人ひとりが決意を新たに さあ、走りだそう、次の150年へ〜』2024年3月29日
- 国土交通省鉄道局『北陸新幹線敦賀・大阪間のルートに係る調査について』2016年11月11日
- 国土交通省鉄道局『北陸新幹線京都・新大阪間のルートに係る調査について』2017年3月7日
- 国土交通省鉄道局『西九州新幹線（西九州ルート）の整備のあり方について（比較検討結果）』2018年3月30日
- 国土交通省『幹線鉄道ネットワーク等のあり方に関する調査』2017年度〜 2022年度調査結果
- 北海道新幹線旭川延伸促進期成会ホームページ
- 羽越新幹線建設促進同盟会 奥羽新幹線建設促進同盟会 関係6県合同プロジェクトチーム『羽越・奥羽新幹線の早期実現に向けた費用対効果算出等業務調査報告書』2020年3月
- 新潟県『令和4年度〜令和5年度 高速鉄道ネットワークのあり方に係る調査結果について』2025年3月
- 四国の鉄道高速化検討準備会『四国における鉄道の抜本的高速化に関する基礎調査』2014年3月
- 藤井聡『「山陰新幹線」の意義と実現プロセス』2019年10月6日
- 藤井聡『「伯備新幹線」の意義と実現プロセス』2019年10月20日
- 山陰縦貫・超高速鉄道整備推進市町村会議ウェブサイト
- 東九州新幹線鉄道建設促進期成会『東九州新幹線調査報告書（概要版）』2016年3月
- 大分県東九州新幹線整備推進期成会『東九州新幹線調査報告書』2023年11月

【5章】

- 宇都宮市『芳賀・宇都宮LRT事業について』2024年2月1日
- 那覇市『那覇LRT整備計画素案』2024年3月28日
- 広島市ホームページ『広島駅南口広場の再整備等 推進協議会』2024年2月27日
- 熊本市など『軌道運送高度化実施計画（案）』2024年6月
- 岡山市ホームページ『岡山駅前広場への路面電車乗り入れ整備事業について』2022年4月7日
- 岡山市『岡山市路面電車ネットワーク計画』2020年2月
- 松山市ホームページ『幹線道路・路面電車計画』2019年7月5日
- 広島市『新交通西風新都線（アストラムライン延伸）に係る計画案の説明会』2024年3月
- 熊本県『阿蘇くまもと空港アクセス鉄道整備事業構想段階評価書【概要版】』2023年12月
- 熊本県『阿蘇くまもと空港アクセス鉄道整備に向けた取組み状況』2024年5月
- 北海道新聞『新千歳空港駅 路線改修へ 苫小牧・道東方面直通に 国交省検討』2018年5月3日
- 北海道建設新聞『新千歳空港駅の改良構想 千歳線本線引き込み 苫小牧方面は貫通』2018年5月3日
- 沖縄鉄軌道計画検討委員会『沖縄鉄軌道の構想段階における計画書』2018年3月30日
- 内閣府政策統括官（沖縄政策担当）『令和4年度 沖縄における鉄軌道をはじめとする新たな公共交通システム導入課題 詳細調査 報告書』2023年7月
- 富士山登山鉄道構想検討会『富士山登山鉄道構想〜美しい富士山を後世に残すために〜』2021年2月
- 共同通信『三セク鉄道延伸計画を国が認可 茨城、30年ごろ新駅開業』2024年3月4日
- 富山県他『城端線・氷見線鉄道事業再構築実施計画（案）』2023年12月22日
- 国土交通省『地域公共交通の活性化及び再生の促進に関する基本方針』2023年10月1日
- 第151回 国会 衆議院 本会議 第23号 2001年4月10日
- 国土交通省告示第1622号『新会社がその事業を営むに際し当分の間配慮すべき事項に関する指針』2001年11月7日
- 広島県『広島県内ローカル鉄道について 鉄道事業者と地域の協働による地域モビリティの刷新に関する検討会ヒアリング資料』2022年3月3日
- 国土交通省『第2回 鉄道事業者と地域の協働による地域モビリティの刷新に関する検討会 議事録』2022年3月3日

- 一般財団法人運輸総合研究所 成田空港鉄道アクセス改善に向けた有識者検討会『日本の空の玄関・成田空港の鉄道アクセス改善に向けて―輸送力増強による快適性向上への提言―』2022年7月
- 国土交通省『東京圏における国際競争力強化に資する鉄道ネットワークに関する調査』結果概要 2019年3月
- 野田市『都市高速鉄道東京8号線整備検討調査報告書（概要版）』2020年12月
- 江東区ホームページ『地下鉄8・11号線の延伸』2023年7月13日
- 交通政策審議会陸上交通分科会鉄道部会東京圏における今後の都市鉄道のあり方に関する小委員会『鉄道ネットワークのプロジェクトの検討結果』2016年7月15日
- 茨城県政策企画部交通政策課『つくばエクスプレス（TX）県内延伸調査の結果について』2023年3月31日
- 東京都都市整備局『都心部・臨海地域地下鉄構想 事業計画検討会 事業計画案』2022年11月25日
- 中央区『令和2年度地下鉄新線検討調査委託報告書〈概要版〉』2021年3月
- 東京都練馬区ホームページ『都営大江戸線延伸（光が丘～大泉学園町）』2024年3月25日
- 都市高速鉄道12号線延伸促進協議会『都市高速鉄道12号線の延伸及び延伸に向けたまちづくりに関する調査研究報告書』（2013年3月）
- 都市高速鉄道12号線延伸促進協議会『都市高速鉄道12号線延伸に向けた基礎調査報告書』2019年3月
- 地下鉄7号線延伸検討委員会『地下鉄7号線延伸に関する報告書』2012年3月12日
- さいたま市『地下鉄7号線（埼玉高速鉄道線）延伸協議会報告書』2018年5月
- エイトライナー促進協議会第30回総会『中量軌道システム等（LRT、BRT）の導入に関する検討』2023年7月20日
- 葛飾区『新金線旅客化調査検討資料』2021年度他
- 町田市ホームページ『多摩都市モノレール町田方面延伸促進の概要』2023年5月9日
- 東京都『都市計画案及び環境影響評価書案のあらまし 多摩都市モノレールの延伸（上北台～箱根ケ崎）計画及び関連する都市計画道路について』2023年12月
- 町田市、相模原市『小田急多摩線延伸に関する関係者会議報告書』2019年5月
- 横浜市『横浜市営地下鉄3号線あざみ野～新百合ヶ丘間（横浜市域）計画段階配慮書』2020年7月
- 横浜市ホームページ『横浜環状鉄道の新設』2023年3月31日

【3章】

- 大阪市『大阪都市計画都市高速鉄道 なにわ筋線に係る環境影響評価書』2020年1月
- 産経WEST『阪急の関空乗り入れ 人の流れ変える 沿線価値も向上へ』2023年8月16日
- 日本経済新聞電子版『JR西、新大阪から阪急直通検討 新線で十三経由し関空へ』2023年12月12日
- 阪急阪神ホールディングスグループ『長期ビジョン―2040年に向けて―』2022年5月20日
- 国土交通省『近畿圏における空港アクセス鉄道ネットワークに関する調査（概要）』2018年4月11日
- 近畿日本鉄道『夢洲直通列車向けの集電装置の開発について』2022年5月23日
- 大阪メトログループ『森之宮新駅構想について』2022年12月21日
- 大阪港トランスポートシステム『北港テクノポート線（仮称）夢洲駅の基本デザインを決定』2022年4月27日
- 読売新聞オンライン『京阪中之島線の延伸「IR事業者の撤退リスクや収支など考慮し慎重判断」…京阪ホールディングス・加藤好文会長CEO』2024年4月23日
- 京阪ホールディングス『長期経営戦略』2023年3月
- 神戸新聞『神戸空港と三宮直結、新地下鉄構想 国際便の就航を見据え、市が需要やルート調査へ』2023年1月1日

【4章】

- 東海旅客鉄道『中央新幹線（東京都・名古屋市間）環境影響評価書』2014年8月
- Yahoo!ニュース/梅原淳『202X年リニアの旅はどうなる?時速500kmの世界は「ふわふわリズミカル」』2020年10月31日
- 独立行政法人鉄道建設・運輸施設整備支援機構『北海道新幹線（新函館北斗・札幌間）事業に関する再評価報告書』2023年3月
- 北海道旅客鉄道『JR北海道グループ長期経営ビジョン未来2031』2019年4月1日
- 北海道新幹線（新函館北斗・札幌間）の整備に関する有識者会議『北海道新幹線（新函館北斗・札幌間）の整備に関する報告書（令和4年報告）』2022年12月

●主な参考資料・文献

【1章】

- 一般財団法人 運輸政策研究機構『今後の東京圏を支える鉄道のあり方に関する調査研究』2014年2月
- 国立社会保障人口問題研究所（社人研）『日本の地域別将来推計人口』（令和5年推計）
- 東急電鉄『2024年度～ 2026年度中期事業戦略』2024年3月
- 西武鉄道『2024年度 鉄道事業設備投資計画』2024年5月9日
- 京阪電鉄中期経営計画『BIOSTYLE ～深化と挑戦～』（2023 ～ 2025年度）2023年3月
- 日本民営鉄道協会『大手民鉄16社 平成31年3月期 決算概況および鉄軌道事業旅客輸送実績』2019年5月21日
- 日本民営鉄道協会『大手民鉄16社 2024年3月期 決算概況および鉄軌道事業旅客輸送実績』2024年5月21日
- 運輸政策審議会答申第18号『東京圏における高速鉄道に関する基本計画について』2000年1月27日
- 交通政策審議会答申第198号『東京圏における今後の都市鉄道のあり方について』2016年4月20日
- 近畿地方交通審議会答申第8号『近畿圏における望ましい交通のあり方について』2004年10月8日
- 第10回近畿地方交通審議会資料『近畿圏における交通の目指すべき方向性の基本的な視点について』2014年7月31日
- 第10回近畿地方交通審議会参考資料『答申第8号（鉄道部分）の検証』2014年7月31日
- 国土交通省『鉄道プロジェクトの評価手法マニュアル』（2012年改訂版）
- 国土交通省『鉄道プロジェクトの評価手法マニュアル改訂に関する調査検討委員会令和5年度 第1回委員会資料』2023年9月4日
- 国土交通省『北陸新幹線の工程・事業費管理に関する検証委員会 報告書』2021年6月25日
- リクルートワークス研究所『未来予測2040 労働供給制約社会がやってくる』2023年9月
- 国土交通省『公共交通機関の旅客施設・車両等・役務の提供に関する移動等円滑化整備ガイドライン（バリアフリー整備ガイドライン）』2024年3月
- 国土交通省『都市鉄道における利用者ニーズの高度化等に対応した施設整備促進に関する検討会報告書』2018年9月
- 国土交通省『ホームドア設置駅数（番線数）の推移』2024年度末
- 東日本旅客鉄道『2024年3月期決算および経営戦略 説明資料』2024年4月30日
- 東海旅客鉄道『2024年3月期決算説明会資料』2024年5月1日
- 西日本旅客鉄道『2024年3月期決算中期経営計画2025アップデート説明会資料』2024年5月1日
- 北海道旅客鉄道『JR北海道グループ中期経営計画2026』2024年3月29日
- 観光庁『訪日外国人の消費動向 訪日外国人消費動向調査結果及び分析2023年年次報告書』2024年3月29日
- 観光庁『公共交通機関における外国人観光旅客利便増進措置ガイドライン』2018年10月
- 観光庁『宿泊旅行統計調査報告（平成31年1月～令和元年12月）』2020年7月

【2章】

- 東日本旅客鉄道『環境影響評価書―羽田空港アクセス線（仮称）整備事業―』2022年7月
- 東京都品川区『品川区まちづくりマスタープラン』2023年3月
- 京浜急行電鉄他『「羽田空港第1・第2ターミナル駅引上線」工事に着手しました』2022年8月8日
- 東京都他『都市計画案及び環境影響評価書案のあらまし 京浜急行電鉄湘南線（京急本線）泉岳寺駅～新馬場駅間の連続立体交差化計画について』2017年1月
- 国土交通省『東京圏における国際競争力強化に資する鉄道ネットワークに関する調査結果概要』2017年3月1日
- 東京都『環境影響評価書案―都市高速鉄道第7号線品川～白金高輪間建設事業―』2023年6月
- 東京都、大田区『新空港線及び沿線まちづくり等の促進に関する協議の場における検討結果』2024年6月3日
- 国土交通省『成田・羽田両空港間及び都心と両空港間の鉄道アクセス改善に係る調査結果概要』2009年
- 東京都『広域交通ネットワーク計画について≪交通政策審議会答申に向けた検討のまとめ≫』2015年7月
- 成田国際空港『新しい成田空港』構想検討会『「新しい成田空港」構想とりまとめ2.0』2024年7月

鎌倉 淳 かまくら・じゅん

1969年生まれ。旅行総合研究所タビリス代表。「鉄道計画データベース」を運営し、鉄道の新線・新駅の情報や将来の見通しなどについて幅広く紹介・解説している。日本国内の鉄道路線は全線完乗。著書に『大人のための青春18きっぷ観光列車の旅』(小社刊)などがある。新聞、雑誌などへの寄稿多数。

鉄道未来年表 5年後・10年後・20年後

二〇二四年 九 月三〇日 初版発行
二〇二四年一一月二〇日 2刷発行

著 者――鎌倉 淳

企画・編集――株式会社夢の設計社
〒一六二-〇〇四一 東京都新宿区早稲田鶴巻町五四三
電話 (〇三) 三二六七-七八五一 (編集)

発行者――小野寺優
発行所――株式会社河出書房新社
〒一六二-八五四四 東京都新宿区東五軒町二-一三
電話 (〇三) 三四〇四-一二〇一 (営業)
https://www.kawade.co.jp/

DTP――アルファヴィル
印刷・製本――中央精版印刷株式会社

Printed in Japan ISBN978-4-309-29426-1

本書についてのお問い合わせは、夢の設計社までお願いいたします。